AUTORES:

JOSÉ MARÍA CAÑIZARES MÁRQUEZ
CARMEN CARBONERO CELIS

COLECCIÓN OPOSICIONES MAGISTERIO: EDUCACIÓN FÍSICA

ORGANIZACIÓN DE GRUPOS Y TAREAS:
LA PLANIFICACIÓN DE ACTIVIDADES DE ENSEÑANZA Y APRENDIZAJE EN EL ÁREA DE EDUCACIÓN FÍSICA: MODELOS DE SESIÓN.
(VOLUMEN 20)

WANCEULEN
EDITORIAL DEPORTIVA

COLECCIÓN OPOSICIONES MAGISTERIO: EDUCACIÓN FÍSICA

VOLUMEN 20.

ORGANIZACIÓN DE GRUPOS Y TAREAS. LA PLANIFICACIÓN DE ACTIVIDADES DE ENSEÑANZA Y APRENDIZAJE EN EL ÁREA DE EDUCACIÓN FÍSICA: MODELOS DE SESIÓN.

AUTORES

<u>José Mª Cañizares Márquez</u>

- Catedrático de Educación Física
- Tutor del Módulo del Practicum del Master de Secundaria
- Especialista en preparación de opositores
- Autor de numerosas obras sobre Educación y Preparación Física

<u>Carmen Carbonero Celis</u>

- D. E. A. en Instituciones Educativas
- Licenciada en Pedagogía
- Maestra de Primaria y Secundaria en centros de Educación Compensatoria
- Didacta presencial del Módulo de Pedagogía General en el CAP
- Profesora de Pedagogía Terapéutica en Centro Educación Primaria

Título: ORGANIZACIÓN DE GRUPOS Y TAREAS. LA PLANIFICACIÓN DE ACTIVIDADES DE ENSEÑANZA Y APRENDIZAJE EN EL ÁREA DE EDUCACIÓN FÍSICA: MODELOS DE SESIÓN.

Autores: José Mª Cañizares Márquez y Carmen Carbonero Celis

Editorial: WANCEULEN EDITORIAL DEPORTIVA, S.L.
C/ Cristo del Desamparo y Abandono, 56   41006 SEVILLA

Dirección web: www.wanceulen.com

I.S.B.N.: 978-84-9993-491-4

Dep. Legal:

© **Copyright:** WANCEULEN EDITORIAL DEPORTIVA, S.L.

Primera Edición: Año 2016

Impreso en España:

Reservados todos los derechos. Queda prohibido reproducir, almacenar en sistemas de recuperación de la información y transmitir parte alguna de esta publicación, cualquiera que sea el medio empleado (electrónico, mecánico, fotocopia, impresión, grabación, etc), sin el permiso de los titulares de los derechos de propiedad intelectual. Cualquier forma de reproducción, distribución, comunicación pública o transformación de esta obra solo puede ser realizada con la autorización de sus titulares, salvo excepción prevista por la ley. Diríjase a CEDRO (Centro Español de Derechos Reprográficos, www.cedro.org) si necesita fotocopiar o escanear algún fragmento de esta obra.

ÍNDICE

Presentación de la Colección.

Introducción

1. ASPECTOS COMUNES A TENER EN CUENTA EN EL EXAMEN ESCRITO.

    1.1. Criterios de corrección y evaluación que siguen los tribunales.
    1.2. Consejos sobre cómo estudiar los temas. Estrategias.
    1.3. Recomendaciones para la realización del examen escrito. Estrategias.
    1.4. Modelo estandarizado de presentación de examen escrito.
    1.5. Partes estándares a todos los temas.

2. ORGANIZACIÓN DE GRUPOS Y TAREAS. LA PLANIFICACIÓN DE ACTIVIDADES DE ENSEÑANZA Y APRENDIZAJE EN EL ÁREA DE EDUCACIÓN FÍSICA: MODELOS DE SESIÓN.

COLECCIÓN OPOSICIONES DE MAGISTERIO. ESPECIALIDAD DE EDUCACIÓN FÍSICA

PRESENTACIÓN DE LA COLECCIÓN

Los autores, con muchos años de experiencia en la preparación de oposiciones, hemos plasmado en esta Colección multitud de argumentos y detalles con la finalidad de que cada persona interesada en acceder a la función pública conozca minuciosamente todos los pormenores de la preparación.

La Colección está compuesta por una treintena de volúmenes, de los que veinticinco están dedicados a otros tantos capítulos del temario, y los cinco restantes a cómo hacer y exponer oralmente la programación didáctica y las UU. DD., así como a resolver el examen práctico escrito.

Los destinados a los temas llevan incorporados unos aspectos comunes previos sobre cómo hay que estudiarlos y consejos acerca de cómo realizar el ejercicio escrito.

Los aplicados al examen oral: defensa de la programación y exposición de las U.D.I., también llevan un capítulo referente a cómo es mejor hacer la expresión verbal, el mensaje expresivo, el esquema en la pizarra, etc.

Es decir, los autores no nos hemos ceñido a publicar un temario para las dos pruebas escritas (tema y casos prácticos) y las dos orales (programación y unidades). Hemos querido hacer partícipe de las técnicas que hemos seguido estos años y que tan buen resultado nos han dado, sobre todo a quienes sacaron plaza merced a su propio esfuerzo. No obstante, debemos destacar un aspecto capital: ratio del tribunal, es decir, ¿con cuántos opositores me tengo que "pelear" para conseguir la plaza?

Ya podemos ir perfectamente preparados, que si un tribunal tiene dos plazas para dar y hay diez opositores con un diez... la suerte de tener una décima más o menos en la fase de concurso nos dará o quitará la plaza.

Por otro lado, es conocido que desde hace año en España tenemos diecisiete "leyes de educación", es decir, una por autonomía, además de la que es común para todos y que, como las autonómicas, depende del partido político que gobierne en ese momento. No podemos obviar que la Educación y todo lo que le rodea -incluidos opositores- es un aspecto más de la política, si bien entendemos debería ser justo lo contrario. La formación de nuestros hijos no debe estar en función de unas siglas de unos partidos políticos, porque cuando uno consigue el poder, elimina por sistema lo hecho por el anterior, esté mejor o peor. Ejemplos, por desgracia, hay muchos desde la LOGSE/1990. Así pues, abogamos por un Pacto Educativo que incluya, lógicamente, a opositores y al Sistema de Acceso a la Docencia.

Esto trae consigo que, forzosamente, debamos basarnos en una línea de elementos legislativos. En nuestro caso, además de la nacional, nos remitimos a la de Andalucía. Por ello, las personas opositoras que nos lean deberán adecuar las citas legislativas autonómicas que hagamos a las de la comunidad/es donde acuda a presentarse a las oposiciones docentes.

Para cualquier información corta, los autores estamos a disposición de las personas lectoras en:

oposicionedfisica@gmail.com

INTRODUCCIÓN

Este volumen tiene dos partes claramente diferenciadas:

a) Por un lado tratamos diversos aspectos comunes a todos los temas escritos. Es decir, nos centramos en cómo hay que estudiarlos a partir de los propios criterios de valoración del examen que indica la Consejería de Educación de la Junta de Andalucía, y que suelen ser similares a los de otras autonomías. También incluimos los criterios de otras comunidades, pero no de todas porque se nos haría interminable.

Esta parte también incluye una serie de consejos acerca de cómo estudiar los temas, cuestión que no es baladí porque el opositor está muy limitado por el tiempo disponible para realizarlo.

Esto nos lleva a siguiente punto, el "perfil" de cada opositor, su capacidad grafomotriz muy a tener en cuenta para que en el tiempo dado seamos capaces de tratar el tema elegido con una estructura adecuada a los criterios de evaluación que el tribunal va a usar en la corrección.

Es muy corriente el comentario de "mientras más sepas, más nota sacas y más posibilidades de obtener plaza tienes". Esto trae consigo, en muchas ocasiones, que el opositor se encuentre con "montañas de papeles" sin estructurar, sin saber si un documento reitera lo de otro, sin dominar la capacidad de síntesis ante tanto volumen de definiciones, clasificaciones, teorías, opiniones, etc.

La realidad es muy distinta. El opositor debe llevar preparado al menos veinticuatro documentos (para tener el 100% de que le va a salir en el sorteo un tema estudiado concienzudamente), con la información muy exacta de lo que le da tiempo a escribir correctamente desde todos los puntos: científico, legislativo, autores, estructura del propio examen, sintaxis, ortografía, etc.

Muchas veces nos han preguntado por el conocimiento de los tribunales, si están al día, etc. Nuestra respuesta ha sido siempre la misma: "sabrán más o menos de cada uno de los veinticinco temas, lo leerán con más o menos detenimiento, pero seguro que lo que más saben es corregir escritos porque lo hacen a diario en sus aulas, de ahí que debamos prestar la máxima atención a estos aspectos formales". Para ello añadimos al final una hoja-tipo.

Completamos este primer capítulo con una tabla de planificación semanal que debemos hacer desde un principio para "obligarnos" y seguirla con disciplina espartana, si de verdad queremos tener éxito.

b) Por otro, el Tema 20 totalmente actualizado a fecha de hoy. La persona opositora debe, una vez conozca el volumen de contenidos que es capaz de escribir, hacer un resumen equitativo de cada punto y "cuadrarlo" a su capacidad grafomotriz. A partir de aquí, a estudiarlo... pero escribiéndolo ya que la nota nos la van a poner por lo que escribamos y cómo expresemos esos contenidos. Pero, si en la comunidad donde nos examinemos, el escrito hay que leerlo al tribunal, de nuevo lo haremos, cuanto antes mejor, para ensayar la lectura y que determinadas palabras no se nos "atraganten".

CRITERIOS DE CORRECCIÓN Y EVALUACIÓN QUE SIGUEN LOS TRIBUNALES

Consideramos imprescindible saber **previamente** cómo nos va a evaluar el Tribunal para realizar el examen con respecto a los ítem que va a tener en cuenta. Aportamos varios **modelos** que han transcendido y que, básicamente, se diferencian en la **formulación** de las consideraciones y en su valoración, no en el **fondo**.

CRITERIOS DE EVALUACIÓN EN ANDALUCÍA.

La Consejería de Educación de la Junta de Andalucía informa a los sindicatos, en mayo de 2007, sobre un "borrador" de criterios de evaluación para el "Concurso Oposición al Cuerpo de Maestros 2007". Posteriormente, como pudimos comprobar esa convocatoria y las siguientes, estos criterios se hicieron "firmes".

Transcribimos literalmente los cinco puntos a considerar sobre el tema escrito:

CRITERIOS GENERALES TEMA ESCRITO

Estructura del tema.

a) Presenta un índice.
b) Justifica la importancia del tema.
c) Hace una introducción del mismo.
d) Expone sus repercusiones en el currículum y en el sistema educativo.
e) Elabora una conclusión acorde con el planteamiento del tema.

Contenidos específicos.

a) Adapta los contenidos al tema.
b) Secuencia de manera lógica y clara sus apartados.
c) Argumenta los contenidos.
d) Profundiza en los mismos.
e) Hace referencia al contexto escolar.

Expresión.

a) Muestra fluidez en la redacción.
b) Hace un uso correcto del lenguaje, con una buena construcción semántica.
c) Emplea de forma adecuada el lenguaje técnico.

Presentación.

a) Presenta el escrito con limpieza y claridad.
b) Utiliza un formato adecuado teniendo en cuenta el apartado 4 del artículo 7.4.1. de la Orden de 24 de marzo de 2007, BOJA nº 60 del 26/03/2007.
Nota: Se refiere a aspectos formales tales como no firmar el examen, entregarlo en un sobre con etiquetas, etc.

Bibliografía/Documentación.

a) Fundamenta los contenidos con autores o bibliografía.
b) Sitúa el tema en el marco legislativo pertinente.

La Consejería de Educación de la Junta de Andalucía informa a los sindicatos, en **junio de 2015**, sobre los criterios de evaluación para el "Concurso Oposición al Cuerpo de Maestros 2015". Transcribimos literalmente los cuatro puntos a considerar sobre el tema escrito:

CRITERIOS GENERALES A TENER EN CUENTA EN LA CORRECCIÓN DEL TEMA ESCRITO (JUNIO 2015).

1. Estructura del tema.

a) Secuencia de manera lógica y clara cada uno de los apartados del tema
b) Expone con claridad

2. Contenidos.

a) Argumenta y justifica científicamente los contenidos
b) Conoce y tarta con profundidad el tema
c) Realiza una transposición didáctica de la teoría expuesta a la práctica
d) Fundamenta los contenidos con autores y bibliografía que realmente hagan referencia al contenido en cuestión, así como a la normativa vigente

3. Expresión.

a) Redacta con fluidez
b) Usa correctamente el lenguaje y presenta una adecuada construcción sintáctica
c) Usa con propiedad el lenguaje técnico específico de la especialidad
d) No se aprecian divagaciones, reiteraciones, etc.

4. Presentación.

a) El ejercicio es legible: no hay que estar deduciendo qué quiere decir ni traduciendo el texto
b) Se observa limpieza y claridad en el ejercicio
c) Usa un formato adecuado

CRITERIOS GENERALES A TENER EN CUENTA EN LA CORRECCIÓN DEL TEMA ESCRITO
(Comunidad de Castilla-La Mancha)

Los criterios de evaluación del tema escrito (Comunidad de Castilla-La Mancha), que tuvieron los tribunales en cuenta en la convocatoria de 2007 y que fueron establecidos por la Comisión de Selección de la Especialidad de Educación Física, son:

CRITERIOS PARA EVALUAR EL TEMA ESCRITO. PARTE "A"	Puntuación
1.- Introducción, justificación, índice y mapa conceptual.	(MÁXIMO 1,5 puntos)
2.- Contenidos específicos	
2.1.-Trata todos los epígrafes del tema. 2.2.- Adecuación de los contenidos al tema. Los contenidos se ajustan al tema. 2.3.- Profundización de los mismos. 2.4.- Organización lógica y clara en cada punto. Atendiendo al índice. 2.5.- Argumentación de los contenidos. 2.6.- Referencia al contexto escolar. 2.7.-Relaciona con otros temas del currículum. 2.8.- Originalidad y creatividad en el tema.	(MÁXIMO 6,5 puntos)
3.-Bibliografía	
3.1.- Bibliografía específica del tema. Cita autores y hace referencias bibliográficas. 3.2.- Aspectos legislativos. Hace referencia a la legislación nacional y autonómica.	(MÁXIMO 0,75 puntos)
4.- Conclusión y valoración personal	(MÁXIMO 0,75 puntos)
5.- Aspectos formales. Presentación, estructura, organización, uso de vocabulario técnico.	(MÁXIMO 0,5 puntos)
6.- Errores	
a. Divagaciones b. Faltas de ortografía c. Errores garrafales	SE VALORARÁ NEGATIVAMENTE POR PARTE DEL TRIBUNAL
Total	10 Puntos.

OTROS CRITERIOS GENERALES A TENER EN CUENTA EN LA CORRECCIÓN DEL TEMA ESCRITO

Otros tribunales siguieron unos criterios de evaluación del examen escrito como los que ahora reflejamos:

		CRITERIOS PARA EVALUAR EL TEMA ESCRITO	
1		Introducción, índice y mapa conceptual	Máximo 1 punto
2		Nivel de contenidos	Máximo 5 puntos
	2.1.	Trata todos los epígrafes del tema	
	2.2.	Los contenidos se ajustan al temario	
	2.3.	Relaciona con otros temas del curriculum	
	2.4.	Hace referencia a la legislación nacional y autonómica	
	2.5.	Cita autores y/o referencias bibliográficas	
3		Aspectos formales: presentación, estructura, organización, vocabulario y ortografía	Máximo 3 puntos
4		Conclusión, valoración personal y bibliografía	Máximo 1 punto

Esta tabla tuvo su origen en la Convocatoria de Castilla La Mancha hace unos años. Sus criterios siguen vigentes.

Cuadro resumen de los Criterios de Evaluación	Temas A

1.- Contenidos específicos
   a. Adecuación de los contenidos al tema.
   b. Profundización de los mismos.
   c. Organización lógica y clara en cada punto (Índice).
   d. Argumentación de los contenidos.
   e. Referencia al contexto escolar.
   f. Originalidad y creatividad en el tema.
	2,75 puntos

2.- Introducción y conclusión
   a. Justificación de la importancia del tema.
   b. Repercusiones en nuestra área y en el Sistema Educativo.
   c. Buena introducción del tema.
   d. Conclusión.
	0,5 puntos

3.- Expresión
   a. Fluidez del discurso.
   b. Buena redacción, sin errores sintácticos, redundancias...
   c. Uso del lenguaje técnico.
	1 puntos

4.- Presentación
   a. Limpieza y claridad.
   b. Formato con variedad de recursos (gráficos, sangrías, diferenciación entre títulos, subtítulos, contenidos, esquema, etc.)
	0,5 puntos

5.- Bibliografía
   a. Bibliografía específica del tema.
   b. Aspectos legislativos.
	0,25 puntos

Penalizaciones
   a. Divagaciones
   b. Faltas de ortografía
   c. Errores garrafales
	A restar según criterio del propio tribunal

Totales	5 Ptos.

En **2013**, la Convocatoria de Primaria en **Castilla-La Mancha** incluían estos **criterios**:

PARTE 1B *DESARROLLO DE UN TEMA DE LA ESPECIALIDAD*	PESO ESPECÍFICO
1. Estructurar el tema de forma coherente, secuenciada, justificada y equitativa con todos los apartados.	25%
2. En relación a los contenidos desarrollados, responder al tema planteado, adaptándose al currículum, con aportaciones teórico-prácticas, siendo funcional para la práctica docente.	40%
3. Ser original y creativo en el desarrollo del tema, estableciendo conexiones con otros contenidos del currículum, con aportaciones personales fundamentadas que revelan la creación propia e inédita del mismo.	15%
4. El tema será afín a unas bases teóricas, a una fundamentación científica de la que parte el currículum, al tiempo que aporta ideas nuevas.	5%
5. Mostrar una lectura fluida y comprensible, con una actitud transmisora y un desarrollo expositivo que se ciñan al tema.	15%

En la Convocatoria de **Secundaria** de **Andalucía** de **2016**, los criterios o "indicadores" a tener en cuenta por los tribunales para el examen escrito, son:

INDICADORES

• ESTRUCTURA DEL TEMA:

- Índice (adecuado al título del tema y bien estructurado y secuenciado).
- Introducción (justificación e importancia del tema).
- Desarrollo de todos los apartados recogidos en el título e índice.
- Conclusión (síntesis, donde se relacionan todos los apartados del tema).
- Bibliografía (cita fuentes diversas, actualizadas y fidedignas).

• EXPRESIÓN Y PRESENTACIÓN:

- Fluidez en redacción, adecuada expresión escrita: ortografía y gramática.
- Riqueza y corrección léxica y gramatical (IDIOMAS).
- Limpieza y claridad.

• CONTENIDOS ESPECÍFICOS DEL TEMA:

- Nivel de profundización y actualización de los contenidos.
- Valoración o juicio crítico y fundamentado de los contenidos.
- Ilustra los contenidos con ejemplos, esquemas, gráficos…
- Secuencia lógica y ordenada.
- Uso correcto y actualizado del lenguaje técnico.

CONSEJOS SOBRE CÓMO ESTUDIAR LOS TEMAS. ESTRATEGIAS.

Exponemos una serie de consejos que solemos dar a nuestros opositores:

- Cada uno tiene un "método" que ha experimentado durante su vida de estudiante, sobre todo a nivel universitario, de ahí que nuestra influencia sea relativa. No obstante, muchos nos reconocen que *"nunca hemos estudiado en profundidad hasta comenzar a prepararnos las oposiciones"*.

- Reconocemos que hay **múltiples** formas de estudio. Hemos tenido opositores que necesitaban estar tumbados, otros sentados y en total silencio, otros tenían que tener forzosamente una tenue música de fondo, etc. Es decir, existen muchas maneras con más o menos **dependencia/independencia de campo**.

- Unos precisan **luz** natural, otros luz blanca o azul, con flexo cercano o con la de la lámpara del techo...

- Hay quien prefiere estudiar a base de **resúmenes** hechos en un procesador de textos y otros, en cambio, tenían que estar a mano.

- Muchos prefieren **grabar** verbalmente los contenidos para reproducirlos cuando viaja, corre, nada o anda y así aprovechar estos "tiempos muertos".

- Otros requieren **gráficos** y mapas conceptuales. Incluso, hemos tenido los que preferían hacer un póster-esquema y colgarlo a la pared para leerlo de pie...

- Otro grupo lo conforman aquellos que prefieren subrayar o señalar los puntos clave con rotulador marcador tipo fluorescente, otros a lápiz... Eso sí, lo señalado debe tener encadenamiento o cohesión interna para verterlo, ya redactado, en el examen, de ahí que **debamos estudiar escribiendo**, porque el examen escrito trata de ello.

- Debemos usar bolígrafos de gel por ser más rápidos en su trazo y papel tamaño A4, que es el que nos van a proporcionar el día del examen. Ojo a los tipos de **bolígrafos permitidos** por los tribunales, debemos estar muy atentos a lo que nos dicen el día de la **presentación**. Independientemente de ello, debemos acostumbrarnos a poner el folio directamente sobre la superficie dura de la mesa, ya que así la velocidad de escritura es superior que si lo situamos encima de otros folios porque éstos hacen que el espacio de apoyo nos frene por ser más blando. Un **reloj** para controlarnos los tiempos es imprescindible también.

- En cualquier caso, no sería bueno estudiar más de dos horas seguidas, sobre todo si estamos sentados. Ello, normalmente, acarrea contracturas dorso-lumbares, en los miembros inferiores, etc. con el consiguiente dolor y molestia. Lo mismo podemos decir a nivel de nuestra visión.

- Realizar **actividad física o deportiva** varias veces a la semana es muy aconsejable por simple razón de compensación y revitalización personal.

- Es bueno, pues, cada dos horas aproximadamente, hacer un **alto horario** de 8-10 minutos para despejarnos mentalmente y estirarnos físicamente. Beber **agua** y la ingesta de **fruta** suele ser positivo. Esto es extensible al día del examen de la oposición.

- No obstante, si la convocatoria nos dice que el escrito durará más de este tiempo, debemos paulatinamente aumentar las dos horas hasta llegar al **tope** marcado.

- Siempre recomendamos realizar una **planificación** semanal personalizada, que regule nuestro **tiempo** destinado al estudio (avance y repaso de los temas del escrito, casos prácticos, exposición oral), al trabajo, deporte, ocio, obligaciones familiares, etc. Ver tabla/ejemplo en la página siguiente.

- **¿Cuánto tiempo dedicar al estudio?** No podemos dar "recetas" pues depende del nivel previo de cada opositor. Hay quien trae excelentes aprendizajes previos de la carrera y hay quien ese nivel lo trae demasiado básico. Otros ya tienen experiencias en oposiciones, etc. Así pues cada uno debe auto regularse en función de sus capacidades y sus circunstancias personales. Genéricamente podemos indicar que, al menos, 4-6 horas/día divididas por un descanso de 10-15 minutos puede ser un estándar adecuado. A partir de ahí, personalizar en función del avance o no obtenido.

- Siempre debemos tener un "**molde personal**" en función de la capacidad grafomotriz, habida cuenta el **ahorro** de tiempo y energía que nos supone seguir esta estrategia.

- De cualquier forma, debemos respetar el dicho popular "*lo que no se recuerda, no se sabe*", de ahí **memorizar comprensivamente** lo más significativo.

- La **memoria**, al igual que ocurre con la condición física, se mejora ejercitándola con frecuencia.

- Tan importante es memorizar un tema nuevo como no olvidar los ya aprendidos, por lo que es necesario **consolidar**, repasando, lo estudiado. Comprobar que dominamos temas anteriores mejora nuestra capacidad de auto concepto.

- De ahí la importancia de estudiar teniendo delante nuestro **resumen personalizado** y olvidarnos de aumentar los contenidos del tema porque, además de crearnos inquietudes, posiblemente no podamos reflejar todo lo que sabemos en el tiempo que tenemos de examen.

Mostramos en el siguiente **gráfico** un claro y rápido ejemplo de cómo auto planificarse el estudio durante la semana a partir de tres **módulos** diarios:

EJEMPLO DE PLANIFICACIÓN SEMANAL-TIPO
Combinación de estudio-repaso-programación-UU.DD.-prácticos-trabajo profesional-descanso

LUNES	MARTES	MIÉRCOLES	JUEVES	VIERNES	SÁBADO	DOMINGO
MAÑANA	MAÑANA	MAÑANA	MAÑANA	MAÑANA	MAÑANA	MAÑANA
TRABAJO	Estudio tema nuevo semana	TRABAJO	Repaso tema nuevo	TRABAJO	Casos Prácticos	Libre
TRABAJO	Estudio tema nuevo semana	TRABAJO	Programación	TRABAJO	Casos Prácticos	Libre
TARDE	TARDE	TARDE	TARDE	TARDE	TARDE	TARDE
Estudio tema nuevo semana	Programación	Repaso temas anteriores	UU. DD.-U.D.I.	Sesión de clase con preparador	Repaso temas anteriores	Repaso temas anteriores

RECOMENDACIONES PARA LA REALIZACIÓN DEL EXAMEN ESCRITO. ESTRATEGIAS.

NOTA: Muchos de los consejos que ahora damos, sobre todo los relacionados con la presentación, escritura, etc. son también aplicables a la realización por escrito de los casos prácticos, si los hubiera.

En las convocatorias anteriores se ha comprobado que la mayoría de aprobados en el examen escrito tenían **buena letra**, además de contenidos notables. Efectivamente, entre los criterios de evaluación que utilizan los tribunales hay algunos puntos destinados a la **presentación** que no podemos desechar. Incluso, si la Orden de la Convocatoria indica que el opositor deberá **leer** su propio **examen** ante el tribunal, éste suele comprobar posteriormente su estructura, sintaxis, ortografía, etc.

No llegar a tiempo a los llamamientos supone la primera **precaución** a tomar. En ocasiones, las instalaciones donde se celebran las oposiciones se ven saturadas desde varios kilómetros antes de llegar. A ello hay que sumar el tiempo para aparcar, buscar el aula asignada, etc. **Llegar tarde** puede suponer la **no presentación** y la consiguiente **eliminación**.

Gracias a las observaciones hechas por los tribunales de años anteriores y por los criterios de evaluación que han transcendido, estamos en disposición de apuntar una serie de anotaciones a considerar por las personas opositoras durante su periodo de preparación con nosotros. Habitualmente los tribunales reservan parte de la nota total para los **aspectos "formales"** del examen, que ahora comentamos. Esto es de vital importancia porque dos opositores con igual cantidad y calidad de contenidos, sacará mejor nota quien mejor lo presente. Ante ello, reservar algunos minutos para poder **revisar** el examen antes de entregarlo, teniendo en cuenta lo siguiente:

- Nadie aprueba con **mala letra**. Igual decimos de la presentación y limpieza.
- Esto lo hacemos extensivo a las faltas de **ortografía**, acentuación, mala **sintaxis**, incorrecciones **semánticas**, **expresión** y **redacción**, **vulgarismos**, **repetir la misma palabra** continuadamente, **tachones**, suciedad, etc. No podemos "escribir igual que hablamos". También, no poner el número del tema elegido o su título. Otro error habitual es el mal uso de los puntos, bien seguido, bien aparte.
- Debemos escribir por **una carilla** -al menos que el tribunal indique otra cosa- con letra más bien grande para facilitar su lectura. No poner detalles como "no recuerdo..."; "creo que..."; "no me da tiempo..."; "me parece que es...".
- La **media** de **folios** (carillas o páginas) que suelen hacer nuestros preparados están entre **14 y 16**, con **17-22 renglones** cada una (20 lo habitual) y **9 palabras/renglón**, teniendo en consideración unos **márgenes laterales** y **superior e inferior** de 2 a 2'5 centímetros. No obstante, conforme avanza la preparación y la habilidad para escribir este tipo de examen, hay quien aumenta el volumen de páginas de manera significativa, pero siempre manteniendo y respetando los criterios de evaluación que suelen tener los tribunales: letra, limpieza, construcción semántica, ortografía, etc. Si preferimos escribirlo en un procesador de textos, como puede ser "Word", el número de palabras suele estar alrededor de las 2400-2700, aproximadamente.
- Los **renglones** deben ser **paralelos** y siempre con el mismo **interlineado**. En caso de tener problemas para hacerlo, podemos llevarnos una **plantilla** ya hecha, como una hoja tamaño folio de cuaderno de rayas, o bien hacerla allí

mismo con lápiz y regla. Si tampoco pudiese ser (a veces los tribunales han hecho especial hincapié en "no entrar con plantilla, regla, etc."), nos esmeraríamos en la realización de la primera página, aunque tardásemos más tiempo, y ésta nos serviría como "falsilla" o planilla de renglones. Otro "**truco**" es hacerla a partir del **DNI** al que previamente le hemos hecho unas señales minúsculas con la anchura que deseamos. Éste nos sustituiría a la regla.

- No se puede ser "loco o loca" escribiendo. Para ello es importante el **entrenamiento** durante el periodo de preparación. De ahí surge la **automatización** de todos estos aspectos, además del sangrado, márgenes, etc. No poner abreviaturas.
- Por otro lado debemos **numerar** las hojas, incluso algunos lo hacen poniendo "1 de 15; 2 de 15...".
- La utilización de **dos colores** de tinta **no** suele estar **permitido**, como tampoco subrayados para señalizar los títulos, epígrafes, ideas fundamentales, etc., al menos que el tribunal exprese lo contrario. En todo caso, **preguntar** al tribunal antes de empezar si es posible su uso, así como de tippex. También si se pueden poner gráficos, flechas, tablas, etc., si el tribunal lo permite, pero la Orden de la Convocatoria suele prohibirlo por considerarlo posible "**señal**". Un **bolígrafo** tipo **gel** y apoyarnos sobre un **superficie dura** para que éste se deslice mejor, nos permite mayor velocidad de escritura manteniendo su calidad. Quienes suelen hacer tachaduras, previendo que no les dejen usar tippex, pueden optar por un **bolígrafo borrable por fricción** (marca Pilot o similar) que elimina cualquier rastro de su propia tinta. No obstante, determinados "bolígrafos rápidos" que se basan en tinta tipo gel, suelen ser peor para opositores **zurdos**, por razones obvias. Recordamos la necesidad de seguir exactamente las **instrucciones** que nos dé el tribunal al respecto, habida cuenta tenemos experiencias sobre la **anulación** de exámenes por el uso de este tipo de herramienta de escritura.
- No olvidemos que la mayoría de los títulos de los temas tienen tres puntos, por lo que debemos **dividir** la totalidad de materia que escribamos en tres partes similares. De esa forma, evitamos exponer mucho contenido de una parte en perjuicio de otra. Así pues, normalmente haremos tres puntos con varios sub-puntos cada uno buscando la conexión entre los mismos. Además, pondremos el **índice** al principio, tras el título, **introducción**, **conclusiones**, **bibliografía** -que incluye la legislación- y webgrafía. En **resumen**, queda muy bien, limpio y "amplio", la estructuración del examen de esta manera:

  - **Título** del Tema. 1ª página. Mayúsculas y en una única página.
  - **Índice**. 2ª página. En una sola página.
  - **Introducción**. 3ª y 4ª página. Debe tener cierta peculiaridad con objeto de atraer la curiosidad del corrector. Nombrar los descriptores del título y en cada uno dar una o dos referencias del mismo. Podemos "presentarlo" a través de su importancia en el currículo y citar sus referencias legislativas. Usar, preferentemente, dos páginas.
  - **Apartados o descriptores** y los sub-apartados. 5ª página. Es el eje alrededor del cual gira la nota relativa a los contenidos. Incluye definiciones, clasificaciones, teorías, líneas metodológicas, referencias curriculares, aplicaciones prácticas, actividades, etc., todo ello citando a autores y normativa que luego quedarán reflejados en la bibliografía, pero con una redacción técnica. En cualquier caso debemos marcar claramente cuándo finalizamos el primer punto y comenzamos el siguiente. Si somos "olvidadizos", podemos dejar un interlineado relativamente amplio por si nos acordamos después de algún detalle olvidado y deseamos incorporarlo sin tachones.

- **Conclusiones**. Lo más notable que hemos tratado, los puntos clave. Al ser lo último que el corrector lee, deben estar muy cuidadas porque puede influir decisivamente en la nota.
- **Bibliografía**. Reseñar algún libro "comodín" y de los autores nombrados anteriormente. También la legislación significada.
- **Webgrafía**. Alguna general, como revistas digitales, o específica.

En cualquier caso, es **imprescindible** conocer los **criterios de evaluación** que van a seguir los tribunales, máxime si son públicos, como viene ocurriendo en varias comunidades autónomas, y en Andalucía de forma más concreta, tal y como hemos citado en el capítulos anteriores. Debemos, pues, hacer caso de ellos y citar o desarrollar todos los **aspectos** que los criterios mencionan.

Precisamente, el tiempo no lo podemos "regalar" ni despreciar, por lo que si terminamos el examen y aún quedan cinco o diez minutos, debemos **repasar** lo escrito por si se nos ha olvidado algo relevante o no hemos puesto la debida atención a las faltas gramaticales, sesgos sexistas, escritura con "códigos SMS", etc. Así pues, debemos agotar el tiempo subsanando cualquier error.

Si la preparación ha sido buena, nada más hacerse el sorteo de los temas, debemos decidirnos por uno. Inmediatamente nos concentramos y empezamos a desarrollarlo, porque debemos ya tener "**automatizada**" su escritura. Si empezamos a dudar, comenzamos a perder el escaso tiempo que nos dan.

En caso de haber estudiado con "**esquemas**", lo mejor sería hacernos uno en sucio para usarlo como guía en la redacción del examen. Este folio nos sirve también para tomar notas, para ir estructurando el tema, etc. Pero, repetimos, la escritura del tema debemos tenerla automatizada porque si no perdemos el tiempo. Esta hoja la destruiríamos al terminar.

Si hemos preparado una introducción, conclusiones, bibliografía y webgrafía "estándar", podemos irlas escribiendo en el llamado "**tiempo perdido**" que suele haber desde que nos dan los folios hasta que sortean los números de los temas. Después podemos añadir los rasgos específicos del tema ya elegido.

Nuestros preparados suelen preguntarnos por la expresión a usar. Aconsejamos el "**plural mayestático**" (*nosotros, ahora vemos, podemos seguir, observamos*, etc.)

Otro aspecto importante es la **elección** del tema de entre los sorteados. Debemos hacer el que dominemos mejor, el que ya lo hayamos escrito muchas veces durante la preparación, el que nos garantice escribir más folios, en suma, el que nos dé más seguridad.

No olvidar llevarse **agua** y alguna pieza de **fruta**. Normalmente a finales de junio suele hacer mucho **calor** y la sensación de éste aumenta con la tensión del examen.

Ahora adjuntamos una **hoja con un resumen** de los **aspectos formales** del examen escrito del tema, aunque aplicable también a la redacción de los **casos prácticos**.

MODELO ESTÁNDAR DE PRESENTACIÓN PARA PRUEBA ESCRITA

2.- COORDINACIÓN Y EQUILIBRIO EN LA INICIACIÓN AL FÚTBOL ESCOLAR

2.1. CONCEPTUALIZACIONES PRELIMINARES.

Desde un primer momento es adecuado tener en cuenta que cualquier movimiento, por mínimo que sea, requiere coordinación y equilibrio adecuados. Por ejemplo, abrir y cerrar una mano conlleva que una serie de grupos musculares realicen (agonistas) la acción y que otros se relajen (antagonistas) para que aquéllos puedan actuar, así como que otros grupos estabilicen (fijadores) los de la muñeca para que lo anterior pueda tener lugar (Téllez, 2014).

La coordinación nos permite hacer lo pensado, es decir, realizar la imagen mental que nos hemos hecho, el esquema motor. Está íntimamente ligada a las habilidades y destrezas básicas a través de su relación con la coordinación dinámico general y la coordinación óculo-segmentaria, respectivamente (Mateos y Garriga, 2015).

Precisamente, las edades porpias de la Primaria son las más críticas para el desarrollo de las capacidades coordinativas (Bugallal, 2011).

Si nos fijamos atentamente en un partido de fútbol podemos observar numerosas acciones diferentes y que, mal hechas, pueden producir lesiones, como dejinses:

a) Carreras
b) Saltos
c) Giros
d) Lanzamientos

Todos ellos con infinidad de VARIANTES. Para que todos esos gestos "salgan bien" ~~havrá~~ habrá sido necesario un director que regule todos los mov. Esta es la función del sistema nervioso.

PARTES ESTÁNDARES A TODOS LOS TEMAS.

Muchas de las personas que preparamos tienen **problemas** por la falta de tiempo o de, simplemente, por ser poco capaces de aprender **introducciones, conclusiones, bibliografías, legislación y webgrafía** de cada uno de los temas.

Uno de los **remedios** para no "castigar" la memoria es confeccionarse unos "**estándares**" o "**comunes**" que den servicio a estos apartados.

Si a ello le unimos la racionalidad en la confección del Índice, a partir de los tres o cuatro apartados o descriptores del título del tema, hemos ahorrado un esfuerzo a nuestra memoria.

Así pues, vamos a dar una serie de **consejos** para que cada persona lectora los elabore de una forma sencilla pero eficaz unos textos usuales, si bien deberíamos a continuación podríamos **complementarlos** con unos **rasgos específicos** del tema que, prácticamente, nos vienen dado por el **título** del tema que nos escribirá el tribunal en la pizarra de la sala de examen. Por ejemplo, si la Introducción la hacemos en dos páginas, los aspectos comunes pueden suponer entre el 60-75 %, es decir, página y un tercio de la siguiente. Si la Conclusión la hacemos en una única, las tres cuartas partes podemos dedicarla a los textos estandarizados y el resto a los concretos del tema escrito.

INTRODUCCIONES COMUNES A TODOS LOS TEMAS

Cuando hemos hablado con los componentes de los tribunales, habitualmente nos indican que suelen fijarse en el "detalle" de si el opositor ha puesto desde el principio o no **referencias** a la **legislación actual**, debido a que suelen entender que cualquier tema debe redactarse **a partir** de las leyes educativas, decretos y órdenes que las desarrollan. Así pues, debemos hacer mención, **respetando su jerarquía**, de:

- Ley Orgánica 8/2013, de 9 de diciembre, para la mejora de la calidad educativa (LOMCE). B.O.E. nº 295, de 10/12/2013.
- Ley Orgánica 2/2006, de 3 de mayo, de Educación (LOE). B.O.E. nº 106 del 04/06/2006. (Modificada por la LOMCE/2013).
- Ley 17/2007, de 10 de diciembre, de Educación en Andalucía. B.O.J.A. nº 252, de 26/12/2007.
- M. E. C. (2014). *Real Decreto 126/2014, de 28 de febrero, por el que se establece el currículo básico de la Educación Primaria.* B. O. E. nº 52, de 01/03/2014.
- M.E.C. (2015). *Orden ECD/65/2015, de 21 de enero, por la que se describen las relaciones entre las competencias, los contenidos y los criterios de evaluación de la educación primaria, la educación secundaria obligatoria y el bachillerato.* B.O.E. nº 25, de 29/01/2015.
- JUNTA DE ANDALUCÍA (2015). *Decreto 97/2015, de 3 de marzo, por el que se establece la ordenación y el currículo de la educación Primaria en la comunidad Autónoma de Andalucía.* BOJA nº 50 de 13/013/2015.
- JUNTA DE ANDALUCÍA (2015). *Orden de 17 de marzo de 2015, por la que se desarrolla el currículo correspondiente a la educación Primaria en Andalucía.* BOJA nº 60 de 27/03/2015.

No obstante, entendemos que sería un buen detalle **citar** también a las **Competencias Clave**, habida cuenta su importancia a partir de la publicación de la LOE/2006, actualizada por la LOMCE/2013.

Igualmente podemos hacer mención a la legislación correspondiente a la evaluación o a la relacionada con la atención a la **diversidad**, pero tanto texto no nos cabe, de ahí la necesidad de **sintetizar** la información que consideremos más representativa.

Otra línea es plasmar alguna "**frase hecha**", como "*enseñar Educación física con éxito supone diseñar una programación coherente con el contexto, disponer de un amplio abanico de estrategias didácticas, generar un clima de clase que invite al aprendizaje, utilizar adecuadamente los recursos materiales y tecnológicos e integrar la evaluación en el proceso de aprendizaje*" (Blázquez y otros, 2010).

Otro ejemplo puede ser: "*Uno de los fines genéricos que persigue la Educación Física escolar es el de favorecer la ubicación personal del alumno/a en la sociedad, en una cultura corporal donde la escuela proporcione al alumnado los medios apropiados para su acceso y, en consecuencia, conseguir los beneficios que de ella pueden conseguir: desarrollo personal; equilibrio psicofísico; mejorar la salud; disfrutar del tiempo de ocio; etc., así como el desarrollo de la autonomía personal ante las influencias que imponen los nuevos mitos sociales*". "*El cuerpo y el movimiento como ejes básicos de nuestra acción educativa*"; "*el área de Educación Física se muestra sensible a los acelerados cambios que experimenta la sociedad…*"; "*la importancia de las relaciones interpersonales que se generan alrededor de la actividad física permiten incidir en la asunción de valores como el respeto, la aceptación, la cooperación…*", procedentes de legislaciones pasadas, pero de plena actualidad por la temática expresada.

Posteriormente, en la Introducción debemos hacer referencias a la materia que trata el tema elegido, lo que antes hemos referenciado como "rasgos específicos". Esto nos resulta fácil con un poco de práctica, simplemente comentando una o dos líneas a partir del título del tema que el tribunal detalla en la pizarra. No obstante, el sentido de lo que expresemos debe ir encaminado a lo que "vamos a tratar en el desarrollo del tema…"

CONCLUSIONES COMUNES A TODOS LOS TEMAS

Si en las introducciones se basan en lo que "vamos a estudiar en el tema…", con las Conclusiones ocurre al contrario: "a lo largo del tema hemos visto (escrito, estudiado, tratado, etc.) la importancia de…" Para ello podemos **actuar** como antes, es decir, un par de **párrafos comunes** a todas las temáticas. Por ejemplo, "la trascendencia del conocimiento del propio cuerpo, vivenciándolo y disfrutándolo, además de respetarlo". Otra posibilidad es incluir un párrafo basándonos en algunos ejemplos de estos textos **estandarizados**:

"*Todos los niños y niñas tienen el derecho a una educación de calidad que permita su desarrollo íntegro de sus posibilidades intelectuales, físicas, psicológicas, sociales y afectivas*" (Decreto 328/2010). "*Entendemos la etapa de primaria como fundamental para el desarrollo de las capacidades motrices del alumnado y donde el docente debe observar las deficiencias de éstos para corregirlas lo más rápidamente posible*".

En Andalucía, la O. 17/03/2015, indica que: "*la Educación Física es un área en la que se optimizan las capacidades y habilidades motrices sin olvidar el cuidado del cuerpo, salud y la utilización constructiva del ocio. En Educación física se producen relaciones de cooperación y colaboración, en las que el entorno puede ser estable o variable, para conseguir un objetivo o resolver una situación. La atención selectiva, la interpretación de las acciones de otras personas, la previsión y anticipación de las propias acciones teniendo en cuenta las estrategias colectivas, el respeto de las normas, la resolución de problemas, el trabajo en grupo, la necesidad de organizar y adaptar las respuestas a las variaciones del entorno, la posibilidad de conexión con otras áreas, el juego como herramienta primordial, la imaginación y creatividad".*

Posteriormente plasmamos algunos rasgos de lo más característico que hemos escrito durante la redacción del tema escogido. Realmente se trata de que destaquemos lo más trascendental de cada uno de los apartados de los descriptores del título, pero con información nueva, expresando que "a lo largo del tema hemos visto la importancia de..." o "hemos indicado en la redacción del tema los conceptos, clasificaciones, didáctica de...".

BIBLIOGRAFÍA COMÚN A TODOS LOS TEMAS

Hay quien diferencia **bibliografía** de **legislación**. Nosotros, al estar ambos documentos en formato papel, lo **unificamos**.

Evidentemente cada tema tiene una serie de volúmenes principales o monográficos de apoyo, pero también está muy claro que hay una serie de **libros generales de didáctica** que vienen muy bien tenerlos en cuenta para ponerlos en la mayoría de los temas. Son las publicaciones que habitualmente se manejan en las facultades de Magisterio. Los tribunales suelen valorar más ediciones de los **últimos años**, aunque siempre habrá libros "clásicos", sobre todo las **monografías** de conocidos autores y que son muy **específicas** de los **temas**. Por ejemplo, Delgado Noguera en temas relacionados con la metodología y organización; Blázquez con evaluación y con la iniciación deportiva; Rigal en motricidad, etc.

Algunos ejemplos de bibliografía **común**, es decir, libros que prácticamente en su totalidad tratan **todas** las **materias** de los veinticinco temas, son:

ADAME, Z. y GUTIÉRREZ DELGADO, M. (2009). *Educación Física y su Didáctica. Manual de Programación*. Fondo Editorial de la Fundación San Pablo Andalucía CEU. Sevilla.

ARRÁEZ, J. M.; LÓPEZ, J. M.; ORTIZ, Mª M. y TORRES, J. (1995). *Aspectos básicos de la Educación Física en Primaria. Manual para el Maestro*. Wanceulen. Sevilla.

BLÁZQUEZ, D.; CAPLLONCH, M.; GONZÁLEZ, C.; LLEIXÁ, T.; (2010). *Didáctica de la Educación Física. Formación del profesorado*. Graó. Barcelona.

CAÑIZARES, J. Mª y CARBONERO, C. (2009). *Currículum de Educación Física en Primaria para Andalucía*. Wanceulen. Sevilla.

CAÑIZARES, J. Mª y CARBONERO, C. (2009). *Currículum de Educación Física en Primaria*. Wanceulen. Sevilla.

CHINCHILLA, J. L. y ZAGALAZ, M. L. (2002). *Didáctica de la Educación Física*. CCS. Madrid.

CONTRERAS, O. R. y GARCÍA, L. M. (2011). *Didáctica de la Educación Física. Enseñanza de los contenidos desde el constructivismo*. Síntesis. Madrid.

CONTRERAS, O. y CUEVAS, R. (2011). *Las Competencias Básicas desde la Educación Física*. INDE, Barcelona.

FERNÁNDEZ GARCÍA, E. -coord.- (2002). *Didáctica de la Educación Física en la Educación Primaria*. Síntesis. Madrid.

FERNÁNDEZ GARCÍA, E. -coord.- CECCHINI, J. A. y ZAGALAZ, Mª L. (2002). *Didáctica de la educación física en la educación primaria*. Síntesis. Madrid.

GALERA, A. D. (2001). *Manual de didáctica de la educación física. Una perspectiva constructivista moderada.* Vol. I y II. Paidós. Barcelona.

GIL MORALES, P. (2001). *Metodología didáctica de las actividades físicas y deportivas*. Fundación Vipren. Cádiz.

SÁENZ-LÓPEZ, P. (2002). *La Educación Física y su Didáctica*. Wanceulen. Sevilla.

SÁNCHEZ BAÑUELOS, F. (1996) *Bases para una Didáctica de la Educación Física y los Deportes*. Gymnos. Madrid.

SÁNCHEZ BAÑUELOS, F. y FERNÁNDEZ, E. -coords.- (2003). *Didáctica de la Educación Física para Primaria*. Prentice Hall.

SÁNCHEZ GARRIDO, D. y CÓRDOBA, E. (2010). *Manual docente para la autoformación en competencias básicas*. C.E.J.A. Málaga.

VICIANA, J. (2002). *Planificar en Educación Física*. INDE. Barcelona.

VILLADA, P. y VIZUETE, M. (2002). *Los Fundamentos teóricos-didácticos de la Educación Física*. Secretaría General Técnica del M. E. C. D. Madrid.

VV. AA. (2008). *Colección de manuales de atención al alumnado con necesidades específicas de apoyo educativo*. (10 volúmenes). C. E. J. A. Sevilla.

ZAGALAZ, Mª L.; CACHÓN, J.; LARA, A. (2014). *Fundamentos de la programación de Educación Física en Primaria*. Síntesis. Madrid.

Esta relación, o parte de ella, no debe aparecer en exclusiva. Antes que nada debemos recordar que es muy conveniente **reseñar autores y año** de publicación **durante** la **redacción** de los diversos apartados o descriptores. Esto, obviamente, nos obliga a incluirlos en la bibliografía "específica" de cada tema. Por ejemplo, en los temas relacionados con la psicomotricidad (7 – 9 – 10 – 11) recomendamos citar a:

RIGAL, R. (2006). *Educación motriz y educación psicomotriz en Preescolar y Primaria*. INDE. Barcelona.

SASSANO, M. (2015). *El cuerpo como origen del tiempo y del espacio. Enfoques desde la Psicomotricidad*. Miño y Dávila editores. Buenos Aires.

TAMARIT, A. (2016). *Desarrollo cognitivo y motor*. Síntesis. Madrid.

Hay una serie de **documentos legislativos** "obligatorios" porque, entre otras cosas, los hemos debido referir en el examen escrito. Además, debemos reseñar otros **específicos** de los temas. Por ejemplo, si tratamos la "evaluación", debemos anotar la Orden de 4 de noviembre de 2015, por la que se establece la ordenación de la evaluación del proceso de aprendizaje del alumnado de educación Primaria en la Comunidad Autónoma de Andalucía.

La legislación general ya la hemos indicado en el apartado anterior sobre "Introducciones comunes", aunque referida a Andalucía. **Cada persona opositora debe adecuarla a la comunidad autónoma donde se presente**.

WEBGRAFÍA COMÚN A TODOS LOS TEMAS

Hoy día muchas de nuestras fuentes consultadas se encuentran en **Internet**, de ahí que debamos señalar algunas **webs fiables**. Nos inclinamos por revistas electrónicas de prestigio en la didáctica general y en la educación física en particular, así como a los portales de las propias **consejerías** de educación de la comunidades autónomas. Todas ofrecen recursos didácticos, experiencias… y legislación aplicada.

Algunos ejemplos, son:

http://www.agrega2.es
http://recursos.cnice.mec.es/edfisica/
http://www.ite.educacion.es/es/recursos
http://www.educarm.es/admin/recursosEducativos#nogo
www.juntadeandalucia.es/educacion/descargasrecursos/curriculo-primaria/index.html
http://www.gobiernodecanarias.org/educacion/webdgoie/
http://www.educarex.es/web/guest/apoyo-a-la-docencia
http://www.catedu.es/webcatedu/index.php/recursosdidacticos
http://www.adideandalucia.es

TEMA 20

ORGANIZACIÓN DE GRUPOS Y TAREAS. LA PLANIFICACIÓN DE ACTIVIDADES DE ENSEÑANZA Y APRENDIZAJE EN EL ÁREA DE EDUCACIÓN FÍSICA: MODELOS DE SESIÓN.

ÍNDICE

INTRODUCCIÓN

1. ORGANIZACIÓN DE GRUPOS Y TAREAS.

    1.1. Organización del grupo de clase. Sus componentes.

        1.1.1. El grupo clase como sistema.

        1.1.2. Organización y docente.

        1.1.3. Organización y tiempo.

        1.1.4. Organización y recursos espaciales.

        1.1.5. Organización y recursos materiales.

        1.1.6. Organización y seguridad.

2. LA PLANIFICACIÓN DE ACTIVIDADES DE ENSEÑANZA Y APRENDIZAJE EN EL ÁREA DE EDUCACIÓN FÍSICA: MODELOS DE SESIÓN.

    2.1. Fases del proceso programador.

    2.2. Modelos de sesión. Evolución histórica.

    2.3. Situación actual.

    2.4. Estrategias a tener en cuenta a la hora de programar la sesión.

        2.4.1. Importancia del control de la clase.

        2.4.2. Conductas no previstas.

        2.4.3. Otros problemas.

CONCLUSIONES

BIBLIOGRAFÍA

WEBGRAFÍA

INTRODUCCIÓN

La organización es un recurso metodológico que nos **facilita** el proceso de enseñanza-aprendizaje, mejorando la operatividad, seguridad, participación, uso de materiales y espacios y disposición del alumnado en él, entre otros aspectos.

Por medio de la programación de diferentes objetivos, contenidos, y estrategias, el docente de Educación Física **diseña** el aprendizaje del alumnado, aunque esta relación de enseñanza-aprendizaje se **materializa** en la sesión.

Las relaciones de enseñanza y aprendizaje, las que aparecen entre el profesor y el alumno o entre los mismos alumnos, **forman un sistema**. Así pues, el modelo -representación de la realidad- que mostrará las relaciones entre el docente y discente se, ubica entre los modelos sistemáticos de enseñanza.

Muchas veces el factor **organización** se hace tan importante que es el que **decide** si **es posible** o no cumplir los objetivos propuestos en la programación. Las clases de educación física se desarrollan en unas condiciones negativas como son las condiciones ambientales, pavimentos, recursos móviles, desigualdad de aprendizajes previos e, incluso, la creencia que la clase es como un "recreo vigilado".

Debemos tener una organización flexible, variada e individualizada de la enseñanza, facilitando la atención a la diversidad como pauta ordinaria de la acción educativa, así como **distribuir** al grupo clase en **sub grupos** que permitan la **cooperación/comunicación** de sus componentes.

La **diversificación** de niveles de enseñanza, por ejemplo, nos permite **aprovechar** mejor los **recursos** que dispongamos, mejorar el tiempo de compromiso motor e individualizar el ritmo de aprendizaje.

Por todo ello, la organización tiene un **valor** fundamental de cara a cumplir con garantías la secuenciación de objetivos y contenidos, la adecuación de las actividades, la prevención de conflictos, etc. dentro del **modelo** de sesión que sigamos.

1. ORGANIZACIÓN DE GRUPOS Y TAREAS.

Organización es "*un recurso que nos permite distribuir adecuadamente todos los elementos que configuran nuestra acción*" (Sánchez Bañuelos, 2003). Por lo tanto, son una serie de **medidas** que usamos para articular los elementos que intervienen en el proceso de enseñanza y de aprendizaje.

"*Un grupo es un conjunto estructurado de personas que entran en interacción y viene definido por sus fines, su estructura interna y su sistema de comunicación*" (Gil, 2007).

Cañizares y Carbonero (2007), citando a Garrote y otros (2003), indican que "***Tarea Motriz** es aquello que se va a realizar, el planteamiento: << tienes que hacer esto...>>*". "*Actividad Motriz es lo que se realiza, los movimientos y acciones lúdicas que hace el alumnado*". Es decir, "*las tareas motrices de aprendizaje son propuestas que hace el profesor entorno a un contenido*".

El grupo de clase constituye el factor último y más **básico** de la programación, pues de él depende la mayor parte de las **decisiones** que debemos tomar a la hora de programar. Una buena organización significa que lo programado sea un éxito en la práctica.

La organización de la clase es uno de los elementos de intervención docente que debe ser **planificado** y posteriormente llevado a la práctica teniendo en cuenta, entre otros, los aspectos de:

- Los aprendizajes a realizar y las características del grupo-clase
- Recursos disponibles para la práctica
- Metodología de trabajo seleccionada

La LOMCE/2013, nos indica que la "*metodología didáctica comprende tanto la descripción de las prácticas docentes como la **organización de su trabajo**"*.

La **ausencia** de organización son causas de **conflictos** que dificultan el proceso de enseñanza-aprendizaje (Sánchez Bañuelos, 2003). En cualquier caso, la organización de grupos y tareas es un "**plus**" de nuestra área.

Si establecemos **comparaciones** entre organizaciones en la clase de Educación Física y las correspondientes al aula tradicional observamos una serie de **diferencias** muy características. Por ejemplo, la forma de vestir, el continuo movimiento y ruido, recursos diferentes, etc. (Gil, 2007).

Así pues, la organización de los grupos, en función de las tareas a realizar, cobra gran **importancia** en el área de Educación Física debido a las múltiples variables que se pueden dar.

1.1. ORGANIZACIÓN DEL GRUPO DE CLASE. SUS COMPONENTES.

La clase, como **unidad temporal**, supone el "**enfrentamiento directo**" con el alumno. Es el único momento que podemos hacer efectiva la **acción didáctica**.

Una **organización eficaz nos** permite mejor **utilización** del **grupo**, de **espacios**, **tiempos** y **recursos**. En suma, con una buena gestión de los **componentes** de la organización grupal, optimizamos el proceso de enseñanza/aprendizaje (Sáenz-López, 2002; Pacheco, 2003; Viejo, 2004).

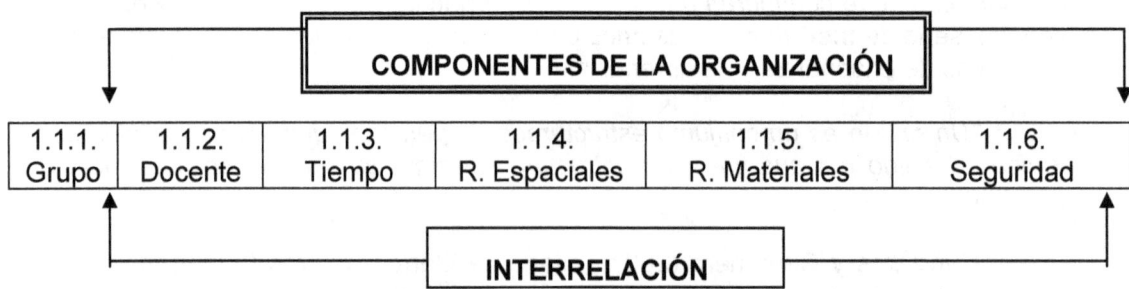

La legislación nos indica que debemos interrelacionar todos sus componentes de forma que la organización, como recurso metodológico, debemos estructurarla teniendo en cuenta a competencias, objetivos, contenidos, actividades y evaluación a tratar en la sesión (Sánchez Bañuelos, 2003).

1.1.1. EL GRUPO CLASE COMO SISTEMA.

Según la Teoría General de Sistemas, un sistema (grupo-clase) es entendido como un **todo** y no como la suma de los elementos que lo componen. Por lo tanto, en un grupo-clase, además de docentes y alumnado, hay que considerar los **procesos relacionales internos** de afectividad, cooperación, ayuda mutua, compromiso, hostilidad... que en nuestro caso puede estabilizar o desestabilizar al grupo. Todos los grupos-clase **interaccionan** con los demás y conforman el sistema organizativo del centro.

Diversos autores Piéron (1988), Sánchez (1996) y otros, identifican varias conexiones muy interrelacionadas en el seno del grupo clase, si bien reconocen que están afectadas por el **entorno**: afectividad, poder/autoridad, organización/sistema de roles y trabajo/actuación.

La forma de **estructurar** el grupo de clase es uno de los factores más importantes de la organización, dependiendo del **trasfondo** educativo que tenga nuestra docencia. Las clases de Educación Física se han estructurado tradicionalmente de forma **masiva**, considerando el grupo como un todo homogéneo. Sin embargo, la experiencia nos dice que los grupos no son así, por lo que surge la **alternativa didáctica** de dividir al grupo-clase estructurándolo en **subgrupos**, porque así podemos cubrir mejor sus necesidades (Sánchez Bañuelos, 2003).

El trabajo en sub-grupo es más **productivo** que el aislado. No olvidemos que el aprendizaje del alumnado se escenifica en un marco social y supone unas relaciones socioafectivas entre alumnado y docente y el alumnado entre sí (Blázquez, 2001). **Algunas causas**, son:

- Para **realizar** la propia actividad. Por ejemplo, para jugar un partido de Mini-Basket, debemos disponer dos equipos o sub-grupos con una **misma tarea**. En caso de realizar al mismo tiempo otros mini-deportes, haremos cuatro, seis... sub-grupos pero con **distintas** tareas.

- Por ser aconsejable para **aumentar** el tiempo de actividad del alumnado. Por ejemplo, la entrada a canasta, como tarea individual, puede ser ejercitada por todo el grupo en un único aro, si bien cada niño apenas participará. En cambio, si repartimos a los alumnos en diferentes grupos y a cada uno de ellos le asignamos una canasta y un balón, existe mayor posibilidad de experiencia motriz. Ahora existe una **misma tarea** para todo el grupo pero éste está organizado en **varios sub-grupos**.

- Por razones de **afectividad** entre los miembros del grupo. Por ejemplo, en un circuito debemos buscar la cohesión entre los pequeños grupos, así como la tolerancia y permeabilidad para la entrada de nuevos miembros al grupo.

- Por **estrategias** de organización. Podemos dividir a los grupos según las tareas que éstos tengan encomendadas antes, durante, y después de la sesión. Por ejemplo, la recogida de los recursos móviles.

- Porque **facilitan** los **objetivos** del aprendizaje y entran en concordancia con algunos estilos de enseñanza. Por ejemplo, si prevemos la evaluación de la actividad por parte de un observador y anotador, será necesario que dividamos la clase en pequeños grupos para así poder realizar el estilo de "Grupo Reducido" (Delgado Noguera, 1993).

- Por hacer varios **niveles** de ejecución. Por ejemplo ante una tarea de salto, cada sub-grupo se ubica en la línea de vallas más acorde a su capacidad.

- Por necesidades de la **instalación**. Según la capacidad de ésta, dividiremos la clase en diferentes sub-grupos. Por ejemplo, uno hace carrera, otro coordinación óculo-pie, etc.

¿Qué debemos considerar a la hora de **organizar** el grupo clase de tal manera que cada sub grupo tenga las mismas oportunidades? Zagalaz, Cachón y Lara (2014), indican las siguientes **pautas**:

- Tiempo de duración de las agrupaciones
- Quién toma la decisión de los agrupamientos
- Su composición numérica
- Criterios para su distribución: aspectos sociales, de aprendizaje, etc.
- Disposición y desplazamientos del alumnado: formales o geométricas, informales y mixtas.

A partir de lo expuesto, podemos **concretar numéricamente** estas posibilidades organizativas (Trigueros, 2002):

- **Organización individual**. Cada alumno realiza la actividad sin ayuda de otro. Correr o estirar los gemelos, por ejemplo.

- **Organización en parejas**. La tarea necesita la colaboración de dos, como pases.

- **Organización en grupos pequeños**. De cuatro a seis para, por ejemplo, hacer juegos de relevos o constituir los grupos de un circuito coordinativo. Es muy usada en el "**aprendizaje cooperativo**" (ver Tema 8), caracterizado porque en cada equipo hay alumnas y alumnos con diferente nivel, donde todos son co-responsables de su propio aprendizaje y del de los demás componentes.

- **Organización en sub-grupos (grupos coloquiales)**. Alrededor de ocho componentes. Por ejemplo, manejo de paracaídas en juegos cooperativos que son muy socializadores porque tienen que compartir el móvil. Es muy usada en los "recreos inteligentes" o "saludables".

- **Organización global del grupo**. Ya son todas y todos quienes trabajan al unísono, por ejemplo al hacer una coreografía.

Estas agrupaciones pueden **durar** desde una sesión, o parte de ella, hasta un curso completo. Lo mismo podemos decir sobre los **criterios** para su formación y **quién** los distribuye. Todo tiene su lado positivo y negativo.

1.1.2. ORGANIZACIÓN Y DOCENTE.

En el profesorado concurren una serie de circunstancias que van a determinar el **éxito o no** de su acción didáctica. Participará en las sesiones, tendrá una actitud relajada y un buen nivel de comunicación con el grupo, porque ello influye en las conductas del alumnado y su motivación. Las diferencias individuales no han de suponer planteamientos discriminatorios, sino estrategias para el progreso individual. En cualquier caso, nunca abandonará el espacio donde esté dando la clase (Zagalaz, Cachón y Lara, 2014).

Destacamos algunos rasgos del perfil docente (Seners, 2001):

- **Autoridad**. Debemos tener y hacer cumplir una serie de normas y que estén muy claras desde el principio. Aunque depende del contexto socio-cultural, deben respetarse unos códigos de comportamiento en vestuarios y canchas, puntualidad, etc. Es preciso en muchas ocasiones explicar el por qué de las normas y de esta forma no imponer por imponer.
- **Dinamismo**. A la hora de organizar y controlar al grupo influyen determinados detalles personales: participación activa, interés por lo que hacemos, estado de ánimo y estimulación, saber posicionarse estratégicamente ante el grupo, entre otros.
- **Aspecto**. Debemos radiar un perfil deportivo, con equipación adecuada, transmitir seguridad, hacerse respetar, etc.
- **Soltura**. Seguridad en el manejo de grupos porque favorece la creación de "clima" positivo en clase.

Nosotros, como docentes, podemos **presentar las tareas** bajo diversas formas organizativas. Por ejemplo, estas suelen ser las más habituales:

- Tareas **iguales** y al mismo ritmo para todo el grupo, relacionada con la I. Directa.
- Ídem, pero con intensidades distintas, realizando un estilo de enseñanza de "Asignación de Tares" o de "Grupos de Nivel".
- Tareas **distintas**, realizadas al mismo tiempo, y todos pasan por todas (circuito).
- **Recorrido** de todos los componentes del grupo por los obstáculos puestos.

Por otro lado, maestras y maestros acudirán a uno o varios "**modelos docentes**" a la hora del acto didáctico (Chinchilla y Zagalaz 2002):

- Modelo **Logocéntrico**. El docente toma la mayoría de las decisiones y da mayoritariamente la información. Relacionado con la metodología directiva. No va acorde con los principios metodológicos actuales.
- Modelo **Psicocéntrico**. Se basa en un aprendizaje centrado en el alumnado. Es una vía de aprendizaje flexible y respeta la autonomía individual. Está muy vigente.
- Modelo **Interaccionista**. Está entre los dos modelos anteriores. Se centra tanto en el "proceso" como en el "producto" de la enseñanza. En muchas ocasiones es apropiado.

El docente tiene que saber **situarse** y **desplazarse** a lo largo de toda la sesión de un modo adecuado para poder desarrollar la actividad y atender a las necesidades individuales del alumnado, siendo una de ellas el **feedback** y sus numerosas **variantes**. Las alternativas son tres (Bernal -coord.-, 2005):

- **Posición externa al grupo o focal**. Permite que todo el grupo pueda ver y atender nuestras explicaciones. Desde esta posición visualizamos la actividad del grupo en conjunto. Es adecuada para organizar la actividad y dar información e instrucciones.
- **Posición interna, dentro del grupo**. Somos uno más del grupo. Es primordial para atender individualidades, correcciones particulares, dar retroalimentación, etc.

- **Posición tangencial**. Se suele dar en posiciones grupales circulares, como cuando jugamos con paracaídas. El maestro se coloca en una posición tangente al grupo.

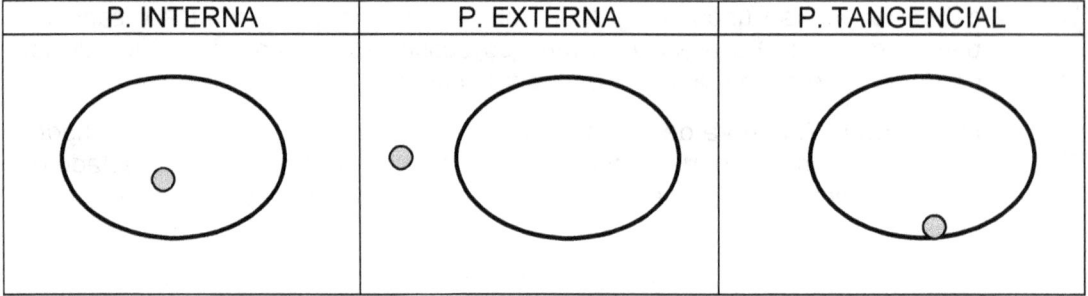

Si el docente ocupa una situación óptima en el espacio, podrá solucionar eficazmente cualquier contingencia (Pacheco, 2003).

También debemos mencionar a Sierra (2003), quien se refiere al término **proxémica**, empleado por Ortiz (1999), el cual nos indica "*las distancias interpersonales que hace el docente en los procesos de enseñanza aprendizaje de la educación física*". Establece una proxémica media y amplia según estemos fuera (de dos a cuatro metros) o muy fuera del grupo (a más de cuatro metros). La estrecha alude a una distancia inferior a dos metros entre docente y discentes.

1.1.3. ORGANIZACIÓN Y TIEMPO.

Por un lado vemos que los módulos establecidos para cada área son de 45 minutos. Excepcionalmente, el centro podrá combinar sesiones de clase entre 30 y 60 minutos, pero sin modificar el tiempo semanal mínimo establecido en el Anexo II de la O. 17/03/2015. Para nuestro área queda establecido en **dos módulos de 45 minutos** cada uno a la **semana** en cada uno de los seis **cursos** de la Etapa. Ahora bien, podemos "añadir" la media hora de recreo si hacemos los llamados "**recreos inteligentes**", amén de las horas de extraescolares.

Por otro lado, Cuéllar y Carreiro (2001) y Sáenz-López (2002), entre otros, citan a Piéron (1988), y exponen una serie de **tiempos** que se dan en **educación física**:

- **Tiempo de programa**. El determinado legalmente para el área (horas/semana).

- **Tiempo útil o funcional**. Es el neto que queda tras descontar al tiempo total los gastados en desplazamientos y vestuarios.

- **Tiempo disponible para la práctica**. Al tiempo útil hay que añadir el dedicado a la organización y explicación de las actividades. Así pues, el tiempo que resta es la suma de lo que dura cada actividad.

- **Tiempo de compromiso motor**. Es aquel que el alumno o la alumna dedica de forma neta a la práctica de la actividad. Viene dado, en gran parte, por la relación trabajo-pausa.

- **Tiempo empleado en la tarea**. Dentro del tiempo de compromiso motor, es aquel que el alumno dedica exclusivamente a la práctica de la tarea relacionada con los objetivos de la sesión.

Viciana (2002), señala **otros tiempos** a tener en cuenta:

- Información inicial general de la tarea.
- Organización de la clase, preparación y recogida de los recursos materiales.
- Debates y preguntas finales.
- Imprevistos

En cualquier caso el **dinamismo** que empleemos deberá ir **aumentando** progresivamente en función de una mayor capacidad de concentración del alumno, dosificación del esfuerzo y nivel de desarrollo alcanzado. El tiempo de actuación del alumno debe **adecuarse** a la tarea que se realiza y a su duración, intercalando períodos de trabajo y descanso proporcionados.

Los componentes de un grupo de primaria no pueden estar toda la hora ni a un ritmo medio ni fuerte, por lo que es preciso que les fraccionemos el tiempo destinado al trabajo y al descanso. Ambos deben ir muy bien coordinados en función de la **intensidad** de la tarea. Por ejemplo, tras una carrera de relevos, el ejecutante necesita un tiempo amplio para recuperarse. En cambio, puede estar varios minutos practicando juegos diversos de índole estática relacionados con la coordinación óculo-manual sin mostrar signos de fatiga. Ante este panorama, Sáenz-López (2002) y Sierra (2003), entre otros, establecen **tres** relaciones temporales **trabajo-pausa** en las actividades prácticas:

- **Práctica simultánea**. Todo el grupo hace al mismo tiempo la tarea, nadie está quieto, por ejemplo el juego del "pillar".

- **Práctica alternativa**. Se produce cuando dividimos al grupo en sub-grupos de parejas. Uno realiza la tarea, por ejemplo flexiones de tronco, y el otro "descansa" o tiene una participación muy relajada, por ejemplo sujetarle los pies al compañero.

- **Práctica sucesiva**. Tiene lugar cuando estructuramos al grupo-clase en sub-grupos de cinco, seis... componentes. Uno realiza la acción, por ejemplo botar a lo largo de un espacio marcado, y los demás esperan turno. Es el típico caso del juego de relevos.

1.1.4. ORGANIZACIÓN Y RECURSOS ESPACIALES.

Nos referimos a las **instalaciones** de tipo "**auxiliar**" (vestuarios, almacenes, etc.) o de uso estrictamente didáctico o "**deportivo**". También si éstos son para uso **exclusivo** o tenemos que compartirlo con otros grupos, su estado de conservación, humedades, etc. (Pacheco, 2003).

Siguiendo a Sáenz-López (2002), entre otros, la **organización espacial** del **grupo** en una actividad puede hacerse de tres maneras, en cuanto al **control** que tiene el maestro sobre el mismo:

- **Formal**. Se corresponde con las disposiciones geométricas tradicionales que están hoy día en desuso, salvo excepciones. Tuvieron mucha importancia hace años porque se partía de la base que las agrupaciones simétricas y rigurosas facilitaban el binomio enseñanza-aprendizaje, pero el empleo de modelos de aprendizaje basados en el descubrimiento las han hecho caducas. El docente tiene todo predeterminado y las organizaciones son rígidas. Es muy usada en coreografías, danza, catas de artes marciales, etc. Por ejemplo, líneas, círculos, despliegue, damero, cuadrados, rombos, estrellas, en escuadra simple o doble, etc.

- **Semiformal**. Cuando el profesor controla una parte y las disposiciones no son excesivamente rígidas. Es la más utilizada y se consigue un clima favorable, permitiendo la intervención pedagógica del docente asegurando una buena participación. Por ejemplo, los circuitos, o los recorridos.
- **Informal**. Cuando el alumno goza de mayor libertad. Se usa cuando hay mucha confianza con el grupo o cuando utilizamos estilos de índole indagatoria. Por ejemplo, dispersa y libre.

En cualquier caso, todos los espacios deben cumplir con lo expresado por el R. D. 132/2010 sobre los requisitos mínimos de los centros. El art. 3.3, indica que deben contar, entre otros espacios e instalaciones, con un patio de recreo, parcialmente cubierto, susceptible de ser utilizado como pista polideportiva, con una superficie adecuada al número de puestos escolares. En ningún caso será inferior 900 metros cuadrados; un gimnasio con una superficie adecuada al número de puestos escolares.

1.1.5. ORGANIZACIÓN Y RECURSOS MATERIALES.

La estructura de los recursos materiales de todo tipo, incluyendo las medidas de **seguridad** a tener en cuenta, va a condicionar en gran parte la organización del grupo y de la enseñanza (Roldán -coord.-, 2002). **Didácticamente** tendremos en cuenta:

- Tenerlos **previstos** y comprobar su eficiencia y **seguridad** antes de su uso, sobre todo lo referente a la peligrosidad. Valorar su cantidad y calidad con respecto al grupo y su adecuación a los objetivos (Pacheco 2003).
- Dar **normas** claras sobre su utilización, transporte, recogida, itinerarios y ayudas. Darlos o autorizar su uso en el momento oportuno y no antes.
- Tener previsto varias **gradaciones** para respetar la individualización de la enseñanza, así como su **polivalencia**.
- **No cambiar** injustificada ni frecuentemente de material durante la sesión para evitar pérdida de concentración y tener buen **control** sobre los mismos y su uso.

1.1.6. ORGANIZACIÓN Y SEGURIDAD.

Otro componente de la organización de los grupos en función de las tareas a realizar es la seguridad en clase. Al trabajar el movimiento en grupos numerosos -a veces con mal pavimento, ambiente-, etc., mantener la **máxima seguridad** en las sesiones prácticas se convierte en un objetivo fundamental para el docente, habida cuenta su **responsabilidad** ante cualquier incidencia (Zagalaz, Cachón y Lara, 2014):

- Adopción y práctica de medidas de seguridad.
- Prevenir y controlar contingencias indeseables. Prevenir con "barridos visuales" y visión periférica.
- Adaptar la actividad los espacios.
- Comprensión y adopción de medidas y normas básicas de seguridad en el conocimiento y uso de materiales y espacios.
- Adaptar los materiales a las características del alumnado.
- Dar información suficiente y que el alumnado esté atento.
- Tener en cuenta las características del alumnado a la hora de diseñar las tareas (sobrecargas).

- Indicar las posiciones correctas de ejecución.
- Controlar la equipación y calzado.
- Advertir y exigir sobre el uso correcto de instalaciones y materiales.
- Evitar aglomeraciones, sobre todo en espacios cerrados.
- Proteger las zonas de paso y de posibles caídas.
- Realizar las ayudas suficientes en las tareas.

También, es preciso organizar al grupo en pequeños **sub-grupos** para controlar al "**alumno conflictivo**" que, en muchas ocasiones, quiere ser protagonista a toda costa, incluso dando codazos a los demás para ser el "primero de la fila". Hay otros con unos niveles de valores (respeto a los demás, a las reglas, cooperación, etc.) mínimos, que también pueden provocar conflictos.

2. LA PLANIFICACIÓN DE ACTIVIDADES DE ENSEÑANZA Y APRENDIZAJE EN EL ÁREA DE EDUCACIÓN FÍSICA: MODELOS DE SESIÓN.

Enseñar Educación física con éxito supone diseñar una programación didáctica coherente con el contexto, disponer de un amplio abanico de estrategias didácticas, generar un clima de clase que invite al aprendizaje, utilizar adecuadamente los recursos materiales y tecnológicos e integrar la evaluación en el proceso de aprendizaje (Blázquez y otros, 2010).

A) PLANIFICACIÓN.

Es habitual entender los términos **programación y planificación** como análogos a la hora de guiarnos en una práctica docente.

Viciana (2002), citando a Gimeno y Pérez (1989), entre otros, indica sus **diferencias**:

- **Planificación.** Es una función, un procedimiento de selección y organización, es decir, un concepto más genérico que se rige por leyes más generales de ordenación de objetivos y contenidos (de lo general a lo concreto y de lo sencillo a lo complejo). Engloba a varias programaciones.
- **Programación.** Es una labor específica del docente que la realiza para un **grupo** determinado. Está adaptada al contexto y se rige por decisiones y actuaciones concretas. Por ejemplo, Programación Didáctica, que es el trabajo a realizar por un docente con un grupo durante un curso.

Sáenz-López (2002) y Camacho (2003), basándose en Piéron (1988), **distinguen** a:

- Programa a largo plazo o durante **un curso**. Depende de multitud de factores como la edad, objetivos y contenidos, metodología y recursos disponibles, así como las actividades extraescolares.
- Programa a medio plazo o **unidad didáctica**. Se trata de intentar lograr un aprendizaje concreto durante varias sesiones. Contreras, (2004), la define como "*proyecto didáctico específico desarrollado por un docente para un grupo, disciplina y situación concretas*". Podemos establecer un "centro de

interés", también llamado U. D. "abierta o globalizada", o bien la tradicional o "cerrada". Esto es importante en el 1º ciclo ya que en estas edades el alumnado conoce globalidades y, por tanto, tiene muchas dificultades para analizar por partes la realidad percibida del exterior. Podemos aplicar, por ejemplo, centros tales como "nuestro cuerpo", "nos movemos", etc. (Gallardo y Camacho, 2008).

- Programa a corto plazo o **sesión**. En ella presentamos al alumnado una serie de **tareas** que obedecen a unos **objetivos** didácticos preparados con antelación y que provienen de una U. D. encuadrada en el Programa de Aula. Estas tareas las desarrollamos en un **entorno** con unas estrategias metodológicas que hemos elegido con antelación, si bien cobran significado al aplicarlas en la sesión.

B) ACTIVIDADES.

Las tareas que hemos diseñado para conseguir los objetivos, las llevamos a cabo a través de las actividades motrices.

Sobre sus tipos y características (lúdicas, innovadoras, significativas, sin peligros, adaptables, no sexistas, etc.) hay mucho escrito en la bibliografía especializada. Zagalaz, Cachón y Lara (2014), indican una serie de *"criterios para las actividades de Educación Física en la segunda década del S. XXI"*:

- Incidir en el gasto energético y el trabajo físico
- Trabajar para conseguir la mejora motriz
- Integrar el esfuerzo y los buenos resultados
- Reconocer el valor de la práctica disfrutando del trabajo en equipo
- Respetar al profesorado y las capacidades de los demás
- Disfrutar con el éxito, aunque solo sea por el trabajo bien hecho y no se haya ganado
- Respetar a los compañeros, contrarios y reglas de los juegos
- Aportar ideas innovadoras bajo la dirección del profesorado para realizar tareas que requieran ejercicio físico y reconocimiento escolar y social

Independientemente de ello, debemos señalar que cuando **trabajemos por competencias** tendremos en consideración a:

- **Tareas**. Acción o conjunto de acciones orientadas a la resolución de una situación problema, dentro de un contexto definido, por medio de la combinación de todos los saberes (saber, saber hacer, saber ser) disponibles que permiten la elaboración de un producto relevante y la participación en una práctica social para facilitar la socialización buscando ser más competente en su trabajo diario. Suponen varias actividades interdisciplinares contextualizadas que permiten la transferencia de saberes a la vida cotidiana.
- **Actividades**. Acción o conjunto de acciones orientadas a la adquisición de un conocimiento nuevo o a la utilización de algún conocimiento de forma diferente. Se trata de comportamientos que producen una respuesta diferenciada de gran variedad, que posteriormente aplicarán en las tareas para adquirir las competencias.
- **Ejercicios**. Acción o conjunto de acciones orientadas a la comprobación del dominio adquirido en el manejo de un determinado conocimiento. Supone una conducta que produce una respuesta prefijada que se da repetidamente.

2.1. FASES DEL PROCESO PROGRAMADOR.

Viciana (2002), destaca una serie de fases a tener en cuenta a la hora de **programar** las actividades de enseñanza-aprendizaje en nuestra área:

- Fase de **diagnóstico**. Determinar el punto de partida del diseño, evaluando la competencia curricular previa de cada alumno. Conocer el contexto, características del alumnado y del centro, recursos disponibles, etc.
- Fase de **diseño**. Se elabora el plan de trabajo con las competencias clave, los objetivos, selección de contenidos y actividades, temporalización, metodología y evaluación.
- Fase de **intervención**. Se implementa el plan según las unidades previstas anteriormente.
- Fase de **evaluación**. Se refiere a las adaptaciones y modificaciones a realizar durante y al final del proceso en relación a las partes que intervienen. Balance de resultados.

2.2. MODELOS DE SESIÓN. EVOLUCIÓN HISTÓRICA.

La sesión es "*la unidad mínima de programación que estructura y organiza el currículo, y precisa de un marco de referencia (unidad didáctica) para, conjuntamente a otras sesiones, cobrar un sentido en los aprendizajes de los alumnos*" (Viciana, 2002). En la sesión se concretan todos los elementos del currículo y el factor básico de la programación (Zagalaz, Cachón y Lara, 2014).

En un principio el esquema respondía exclusivamente a la relación y ordenamiento de los ejercicios físicos. Elli Björkstén, de la **corriente neo-sueca**, estableció tres partes:

- Ejercicios **preparatorios**; de orden y de movilidad.
- Ejercicios **morfológicos**; los de mayor intensidad (flexiones-extensiones, suspensiones, abdominales, equilibrios, marchas, carreras y saltos con aparatos).
- Ejercicios **calmantes** o finales; marchas suaves y ejercicios respiratorios.

La **Gimnasia Natural Escolar Austriaca** estableció el siguiente esquema:

- Animación.
- Escuela de la Postura y de los Movimientos.
- Perfomance Deportiva y Destrezas. Juegos y Bailes.
- Vuelta a la Calma.

Costes (1991), estudia la evolución del modelo de sesión en función de las **corrientes** de Educación Física, diferenciando entre:

- Las **estructurales**, que dividen la sesión en función de las zonas del cuerpo a trabajar.
- Las **orgánico-funcionales**, que las organizan en función de la intensidad del ejercicio.
- Las que se organizan por **contenidos**.

- Las **pedagógicas**, que se establecen en función del logro de los objetivos educativos previstos en la parte principal.

El modelo que se sigue normalmente en una sesión de **Expresión Corporal** cambia los apelativos habituales por:

- Comienzo
- Desarrollo
- Final, Síntesis o Cierre

Le Boulch (1976), en el método Psicocinético, distingue tres tipos:

Tipo 1	Tipo 2	Tipo 3
a) Calentamiento. b) Ejercicios de percepción: Orientación y Apreciación de distancias. c) Ejercicios de coordinación dinámica general. d) Recuperación.	a) Calentamiento. b) Ejercicios de percepción: Orientación y Trayectorias. c) Juego de organización del espacio cercano.	a) Calentamiento. b) Ejercicios de percepción corporal y de velocidades. c) Ejercicios de coordinación dinámica general. d) Recuperación, respiración.

Viciana (2002), establece una **clasificación de sesiones** según sus **tipos**. Algunos ejemplos son las de **aprendizaje** y de **recreo**; las de **instrucción** y las de **búsqueda**; las **teóricas**, las **prácticas** y las **teórico-prácticas**; las sesiones **tradicionales** y las **innovadoras**; etc.

No obstante, podemos reconocer la sesión en función de los **contenidos** que tratemos. Nos referimos a sesiones "**monotemáticas**", donde manejamos un único contenido, por ejemplo, expresión corporal; sesiones "**multitemáticas**", cuando combinamos varios bloques, como salud-juego-percepción y sesiones "**integradoras**", si trabajamos globalizadamente aspectos de varias áreas, por ejemplo un "núcleo de contenidos" sobre las olimpiadas.

2.3. SITUACIÓN ACTUAL.

Si nos basamos, entre otros autores, en Del Villar (1993), Chinchilla y otros (1994), Cañizares (1996), Campo (2000), Contreras (2000), Seners (2001), Sáenz-López (2002), Fernández -coord.- (2002), Viciana (2002), Camacho (2003), Sánchez-Bañuelos y Fernández -coords.- (2003) y Bernal -coord.- (2008), podemos establecer las siguientes partes como las "*actuales*" que se siguen en la mayoría de nuestras escuelas y que deben cumplir un **protocolo** a la hora de su realización:

- **Parte Inicial o "Animación"**. Es el conjunto de actividades y ejercicios de carácter general y luego específico -aunque hasta los 11-12 años no es necesario realizar un calentamiento analítico y específico- que se realizan previamente a toda actividad física, en la que la exigencia del esfuerzo sea superior a lo normal, con el fin de poner en marcha todos los sistemas del organismo y disponerlo para un mejor aprovechamiento del trabajo. Tras organizar los materiales, hay una parte de tipo **psicológico** caracterizada por la captación de la atención, motivación y disposición al esfuerzo, dando normas sobre lo que vamos a hacer. También destacamos otra parte destinada a la **adaptación fisiológica**, concretamente al sistema cardio-respiratorio y aparato locomotor. Ponemos en práctica formas jugadas muy dinámicas y motivadoras, pero globales y variadas. Como ejemplo citamos a juegos simples y/o populares de persecuciones, atrapes, saltos, etc. Viene a durar sobre cinco minutos.

- **Parte Central**. Es la de más duración de las tres, entre veinticinco y treinta y cinco minutos, y tratamos los contenidos previstos para alcanzar las competencias y los objetivos de la sesión. Esta fase conlleva unos enriquecimientos de tipo cognitivo, fisiológico, motor y sociológico. Debemos tener en cuenta, entre otros aspectos, las actividades de iniciación-motivación, de desarrollo, ampliación/refuerzo, lectura, escritura y expresión verbal, las relacionadas con las TIC, evaluación y las adaptadas para quienes tengan algún tipo de discapacidad; la organización del grupo, preferiblemente en **sub grupos cooperativos** y de los recursos, su distribución espacial, los desplazamientos, los estilos de enseñanza utilizados y los tipos de conocimiento de resultados. Como ejemplos de contenidos citamos a las habilidades motrices y todas sus variantes, expresión corporal, salud, etc.

- **Parte Final o vuelta a la normalidad**. La sesión de clase debe finalizar con una parte práctica calmante y otra organizativa consistente en retirar los materiales, que viene a durar entre cinco y ocho minutos. Hay una fase **fisiológica**, cuyo objetivo es reducir la frecuencia cardiaca y respiratoria a través de ejercicios y juegos relajatorios. Otro momento es el **psicológico**, que tiene por finalidad liberar al grupo de las tensiones habidas, al mismo tiempo que se les motiva para la siguiente sesión. Puede incluir juegos "motivadores", pero éstos no deben suponer un esfuerzo físico toda vez que incumpliría los objetivos de la "Vuelta a la Calma". Algunos ejemplos son los juegos sensoriales, de relajación, atención, respiración, expresión y verbalización de las experiencias. En la vuelta a la calma incluimos la "**evaluación**". Se trata de analizar en qué medida hemos logrado los objetivos previstos, si la metodología ha sido la adecuada, etc.

Independientemente de estas tres partes, tenemos que considerar los llamados "tiempos previos y posteriores" señalados por Cañizares (1996). Significa contar con unos minutos previos a la "Animación" para hacer los traslados desde el aula ordinaria, así como el cambio de ropa en vestuarios. Tras el término de la sesión en sí, debemos contar con otros minutos para repetir esta rutina, incluyendo el aseo personal. No olvidemos que los contenidos de higiene están señalados en el bloque relacionado con la "Salud".

2.4. ESTRATEGIAS A TENER EN CUENTA A LA HORA DE PROGRAMAR LA SESIÓN.

Seners (2001), López-Pastor -coord.- (2001), Sáenz-López (2002), Viciana (2002), Calzado (2006), Contreras y García (2011) y Zagalaz, Cachón y Lara (2014), entre otros, aportan una serie de aspectos a tener en cuenta para su buen diseño. En resumen, son:

- **Preparar** todo con la suficiente **antelación**.
- Considerar la importancia del **tiempo útil** de participación motriz del alumnado en las tareas.
- Adecuar los tiempos a las **partes** de la sesión.
- Organización en subgrupos **coherentes**.
- **Progresar** en la complejidad cognitiva y motriz de la tarea.

- Tener previstas las **adaptaciones** de las actividades, incluidos los recursos materiales.

- **No variar** continuamente los objetivos, las organizaciones y los recursos y que aquéllos se correspondan coherentemente con la programación.

- Que las actividades, efectivamente, vayan destinadas a la consecución de los objetivos.

No obstante, en muchas ocasiones, y cada año más, las sesiones de clase tradicional ya vienen mediatizadas por un **trabajo previo**, que el docente ha **enviado** por **redes sociales** o a través de **plataformas virtuales de enseñanza**, como Moodle, y **aplicaciones** para tabletas y móviles, tales como:

1) **Assessmate**: una App que ayuda a construir rúbricas. Puede servir también como herramienta para involucrar al alumnado en su auto evaluación.
2) **Gradekeeper**: una herramienta que sirve para evaluar, pasar lista, hacer un diagrama con los sitios físicos que ocupa cada uno en el aula, crear categorías de tareas y asignar diferentes pesos a cada tipo de categoría.
3) **Markup**: los alumnos envían su trabajo a un correo asignado por esta App y, con nuestra tablet, recibirlos y calificarlos, poder comentarios, tachar, etc.
4) **Estiramientos**: aplicación que enseña a estirar los grupos musculares concretos.

Por otro lado, Viciana (2002), indica una serie **pautas metodológicas** para que podamos **optimizar** nuestras sesiones. En resumen, son:

- o Coherencia general con la programación y unidad didáctica.
- o Tiempo motor útil significativo.
- o Distribución adecuada de las partes de la sesión.
- o Progresión en complejidad de la tarea y en organización grupal.
- o Prever posibles adaptaciones.
- o Aprendizajes funcionales y significativos.
- o No variar objetivos, organización o recursos para que el alumno no se descentre.
- o Preparar espacios y móviles con anticipación.

2.4.1. IMPORTANCIA DEL CONTROL DE LA CLASE.

"*La prevención y resolución pacífica de conflictos, así como los valores que preparan al alumnado para asumir una vida responsable en una sociedad libre y democrática*", es una de las capacidades prioritarias a alcanzar en la etapa (D. 97/2015, art. 5, a).

"*Aspectos medulares del control de clase son la disciplina y la actuación del docente para dirigir la clase con los niveles de disciplina deseados y siempre asociados a la conducta del alumno*" (Chinchilla y Zagalaz, 2002).

Estos autores indican que todo profesor aspira a que la clase "funcione" sin gastar mucho tiempo en su control, con objeto de dedicarse a enseñar. Destacan **tres** tipos de **contextos**:

- Clases de tipo "**caótico**", que hacen muy difícil el proceso didáctico.

- Grupos de tipo "**ruidoso**", donde es difícil emitir mensajes.

- Clases "**disciplinadas**", regidas por normas establecidas con anterioridad, donde el docente las mantiene con celo, lo que le hace invertir más tiempo del necesario en ello.

No olvidemos que la disciplina en clase es un elemento importante en la relación pedagógica. Quizás para muchas maestras y maestros el término "***disciplina***" no les parezca adecuado y se inclinan por el de "***orden***". Las peculiaridades de nuestra área hacen necesario un control más o menos exhaustivo del grupo. Los ruidos propios de la actividad y del roce de los móviles con el pavimento, los gritos de ánimo de los compañeros hacia quienes actúan, el murmullo ambiental externo, las disputas, etc. hacen muy necesario el control del docente.

El D. 19/2007 sobre la promoción de la Cultura de Paz y Mejora de la Convivencia en los centros públicos de Andalucía, (BOJA 02/02/2007), establece una serie de **medidas** a tener en cuenta en casos de conductas contrarias a la convivencia, si bien apunta antes que nada a prevenir situaciones no deseables.

El El D. 328/2010, de 13 de julio, sobre el R.O.F. para centros de primaria, BOJA nº 139, de 16/07/2010, indica en su artículo 2, que es deber del alumnado "respetar las normas de organización, convivencia y disciplina del centro docente y contribuir al desarrollo del proyecto educativo del mismo y de sus actividades". También señala en su capítulo III las "**Normas de Convivencia**", que deben regular y garantizar tanto el ejercicio de los derechos del alumnado como el cumplimiento de sus deberes.

Chinchilla y Zagalaz (2002), Blázquez y otros (2010), Contreras y García (2011) y Fraile y otros (2008), establecen una serie de **puntos** para **prevenir** posibles **desviaciones** en los comportamientos. Algunos ejemplos, son:

- Creación de condiciones para tener la **máxima participación** activa por medio de una adecuada y eficaz organización. Por ejemplo, definir los objetivos y contenidos de la sesión, conocer los espacios, recursos, etc.

- Despertar y mantener la **concentración** del grupo en el docente y en la actividad. Deben generar motivación e interés.

- Crear un **clima** de clase propicio para los procesos de enseñanza-aprendizaje, que pasa por el interés del docente hacia la materia y sus alumnos.

- Utilizar **recursos** metodológicos como exposiciones claras y breves desde una ubicación adecuada para observar y ser observado. También ayuda el uso de un código de señales fácilmente identificable.

Del Villar (1993), citado por Sáenz-López (2002), indica que para conseguir una organización eficaz es imprescindible **controlar** al grupo, ser capaces de que respeten las normas y realicen lo que se les diga. Sólo así conseguiremos los aprendizajes.

CONTROL→ ORGANIZACIÓN→ PARTICIPACIÓN→ MOTIVACIÓN→ **APRENDIZAJE**

Este autor entiende que el principal problema en Primaria es que alumnas y alumnos tienen una gran **motivación** hacia las actividades físicas, debido a su necesidad vital de movimiento, por lo que se hace complicado canalizar esta excesiva demanda en una estructura organizativa eficaz. El alumnado no suele diferenciar la clase de Educación Física con el recreo, y esto provoca que les resulte difícil admitir normas disciplinarias. Los docentes debemos asumir que el **control** es un requisito previo a cualquier otro, para poder avanzar. Sólo cuando se consigue el control del grupo es posible diseñar organizaciones eficaces consiguiendo, de esta forma, más participación de ellas y ellos y, por tanto, mayor motivación.

2.4.2. CONDUCTAS NO PREVISTAS.

Los conflictos grupales son aquellas situaciones en las que se evidencia la existencia de problemas de comunicación o de entendimiento entre los componentes del grupo y que afectan a la práctica, produciendo un deterioro de la misma (Gil, 2003).

Un clima de convivencia positivo entre quienes integran la comunidad educativa contribuye al bienestar y al progreso personal de todos (Boqué, 2006).

Podríamos hacer un listado interminable de **causas** que provocan conductas no previstas. Para resumirlas las dividimos en dos grupos:

- **Internas**. Las que se producen por la interacción en la clase. Estos problemas suelen depender del profesorado y, por tanto, podemos intervenir para solucionarlos. Algunas pueden ser la falta de adecuación de la enseñanza, nula o escasa motivación del alumnado, sus conflictos internos y la inseguridad en el docente.
- **Externas**. Cuando la causa no tiene nada que ver con la dinámica de la clase. Tienen soluciones que se escapan al propio profesorado y requiere un trabajo de equipo para solucionarlos con otros profesores, padres, etc. Las causas suelen estar relacionadas con un ambiente social irregular, problemas afectivos y manejar grupos numerosos, entre otras.

En cuanto a los **tipos** y **soluciones** podemos destacar a:

- Conductas desviadas **leves**. Normalmente son alumnos que "buscan público" para su escenario y **protagonismo**. Por ejemplo, hablar cuando el docente explica o no hacer exactamente la tarea propuesta. La solución puede ser adoptar la tolerancia estratégica, es decir, ignorar el comportamiento inapropiado si no es disruptivo para extinguir la conducta no deseada. Si lo que busca es llamar la atención, lo mejor es no hacer caso. Otras veces una mirada cruzada, un gesto o proximidad física es suficiente.
- Conductas desviadas **graves**. Suceden cuando hay bromas peligrosas, conductas incorrectas graves, no realizar la ayuda a un compañero, faltas al respeto, agresión verbal o física, etc. Las posibles soluciones pueden estar en llamar al alumno o alumna con su nombre y apellidos, corrigiendo el comportamiento o exigiendo que cese. También, recordar a todas y todos las reglas y mantener una entrevista personal. Nunca debemos lanzar amenazas, ataque personal, ridiculizar, etc. ya que todo se nos puede venir en contra por la tan cacareada "violencia verbal" del profesorado hacia el alumnado "difícil". Cada situación es muy particular y su contexto casi irrepetible.

El "**castigo**" puede ser dañino o útil, según cuando, con quién y cómo se empleen. Tiene efecto a corto plazo, pero a medio y largo suelen producir más daños que beneficios. En cualquier caso, no abusar ya que pierden eficacia. Todo, en gran parte, depende del contexto de ese centro.

En todo caso tendremos en cuenta:

- No castigar a la persona, sino su comportamiento y que aquél sea proporcional a la falta.
- No emplear el ejercicio físico como castigo pues pensarían que la

actividad física es algo negativo.
- La supresión de algún privilegio puede ser buena estrategia, como por ejemplo no dejarles jugar un partido.
- Es importante relacionar el castigo con la falta, por ejemplo si la falta es por maltrato del material, puede recogerlo al final de la clase y si es por estropear un juego, se le deja sin poder participar.

La "**exclusión de clase**" puede ser entendida como el reconocimiento de la **impotencia** del docente con respecto a la capacidad para controlar al grupo, por lo tanto debe ser muy limitada, y tan sólo para casos extremos.

Como último recurso podemos utilizar el "time-out", pero teniendo controlado al alumno excluido del grupo, con objeto de que no se beneficie de elementos distractores alternativos a la permanencia obligada en el aula. Ha de experimentar verdadero aburrimiento de tal modo que prefiera estar en el aula a permanecer aislado, de lo contrario le estaríamos reforzando. Esta técnica ofrece mayor ventaja que el castigo, puesto que no se le ofrece al alumno un modelo negativo de agresión para que pueda constituir una fuente de imitación.

2.4.3. OTROS PROBLEMAS.

Otras conductas no previstas son citadas por Piéron (1988), siendo convenientes conocerlas para que cuando aparezcan realizar alguna estrategia.

- **Interrupción de la clase**. Puede venir un profesor, conserje o algún padre. Es recomendable limitarla, atendiendo a esta persona sin perder de vista el grupo.
- **Alumno/a nuevo a mitad de curso**. Suele ser una situación conflictiva. Se debe hablar personalmente para explicarle las reglas y funcionamiento del curso para que entre progresivamente. En caso de falta de integración se puede comentar con algunos alumnos o alumnas con más madurez para que le ayuden.
- **Retraso**. Preguntar las causas y anotarlo.
- **Lesión**. Atender al alumno/a intentando que el grupo siga trabajando. Excepto en casos de urgencia, no es recomendable dejar solos ni al alumno ni al grupo. Para evitarlo, dar aviso a otro maestro o maestra para que se haga cargo y también notificarlo a la familia. En casos graves, debemos trasladar al alumno a Urgencias, sin menoscabo de lo anterior y respetando las normas existentes en los centros.
- **No traer la equipación**. Debemos tener normas precisas para estos casos.

CONCLUSIONES

En este Tema hemos visto uno de los aspectos más significativos en la metodología práctica de nuestra intervención educativa: la organización del alumnado. Ésta, en nuestra Área, es más difícil debido a las especiales características de la misma. Hemos ido desglosando sus componentes, las ventajas e inconvenientes de los sub-grupos, sus relaciones, etc. En la segunda parte hemos tratado los distintos modelos de sesión y, dentro de ellos, la importancia de las estrategias para mejorar la intervención.

BIBLIOGRAFÍA

- ADAME, Z. y GUTIÉRREZ DELGADO, M. (2009). *Educación Física y su Didáctica. Manual de Programación*. Fondo Editorial de la Fundación San Pablo Andalucía CEU. Sevilla.
- BERNAL, J. A. (2005). *Prevención de lesiones y primeros auxilios en la Educación Física y el Deporte*. Wanceulen. Sevilla.
- BERNAL, J. A. (coord.) (2008). *El calentamiento y la adaptación del organismo al esfuerzo*. Wanceulen. Sevilla.
- BLÁZQUEZ, D. (2001) *La Educación Física*. INDE. Barcelona.
- BLÁZQUEZ, D.; CAPLLONCH, M.; GONZÁLEZ, C.; LLEIXÁ, T.; (2010). *Didáctica de la Educación Física. Formación del profesorado*. Graó. Barcelona.
- BOQUÉ, M. C. (2006). *Doce propuestas para la transformación positiva de los conflictos*. Andalucía Educativa, nº 53. C. E. de la J. de Andalucía. Sevilla.
- CALZADO, M. A. (2006). *Veintiuna estrategias para organizar las sesiones de educación física de manera que favorezcan la creación de un clima favorable*. Comunicación al IV Congreso Nacional de Deporte en Edad Escolar. Dos Hermanas (Sevilla).
- CAMACHO, H. (2003). *Pedagogía y Didáctica de la Educación Física*. Kinesis. Armenia (Colombia).
- CAMPO, G. E. (2000). *El Juego en la Educación Física Básica*. Kinesis. Armenia. Colombia.
- CAÑIZARES, J. Mª. (1996). *400 Juegos y ejercicios por parejas*. Wanceulen. Sevilla.
- CHINCHILLA, J. L.; CÓRDOBA, E. R. y RIAÑO, M. A. (1994). *Bases para la aplicación del juego en las clases de educación física*. Autoedición.
- CHINCHILLA, J. L. y ZAGALAZ, Mª L. (2002). *Didáctica de la Educación Física*. CCS. Madrid.
- CONTRERAS, O. R. (2000). *Hacia una educación Física que tenga en cuenta la diversidad*. En RIVERA, E. y otros, *La Educación Física ante los retos del nuevo milenio*. Adhara. Granada.
- CONTRERAS, O. R. (2004). *Didáctica de la Educación Física. Un enfoque constructivista*. INDE. Barcelona.
- CONTRERAS, O. R. y GARCÍA, L. M. (2011). *Didáctica de la Educación Física. Enseñanza de los contenidos desde el constructivismo*. Síntesis. Madrid.
- COSTES, A. (1991). *La clase de Educación Física*. En VV. AA. *Fundamentos de Educación Física para enseñanza primaria*. (Vol. II). INDE. Barcelona.
- CUÉLLAR, Mª J. y CARREIRO, F. (2001). *Estudio de las variables de participación del alumnado durante el proceso de enseñanza-aprendizaje*. Revista Digital Año 7 - Nº 41. Buenos Aires.
- DEL VILLAR, F. (1993). *El desarrollo del conocimiento práctico de los profesores de Educación Física a través de un programa de análisis de la práctica docente. Un estudio de caso inicial*. Tesis doctoral. F.C.C.A.F.D. Granada.
- DELGADO NOGUERA (1993). *Metodología*. En VV. AA. (1993) *Fundamentos de Educación Física para Enseñanza Primaria*. INDE. Barcelona.
- FERNÁNDEZ GARCÍA, E. -coord.- (2003). *Didáctica de la Educación Física en Educación Primaria*. Síntesis. Madrid.
- FRAILE, A. y otros -coord.- (2008). *La resolución de los conflictos en y a través de la educación física*. Graó. Barcelona.
- GALLARDO, P. y CAMACHO, J. M. (2008). *Teorías del aprendizaje y práctica docente*. Wanceulen Educación. Sevilla.
- GIL, P. A. (2007). *Metodología didáctica de las actividades físicas y deportivas*. Wanceulen. Sevilla.
- GIL, P. (2003). *Animación y dinámica de grupos deportivos*. Wanceulen. Sevilla.

- GIMENO, J. y PÉREZ. A. (1989). *La Enseñanza: su teoría y su práctica.* Akal. Madrid.
- JUNTA DE ANDALUCÍA (2007). Ley 17/2007, de 10 de diciembre, de Educación de Andalucía (L. E. A.). B. O. J. A. nº 252, de 26/12/07.
- JUNTA DE ANDALUCÍA (2015). *Decreto 97/2015, de 3 de marzo, por el que se establece la ordenación y las enseñanzas correspondientes a la Educación primaria en Andalucía.* B. O. J. A. nº 50, de 13/03/2015.
- JUNTA DE ANDALUCÍA. (2015). *Orden de 17 de marzo de 2015, por la que se desarrolla el currículo correspondiente a la Educación Primaria en Andalucía.* B. O. J. A. nº 60, de 27/03/2015.
- JUNTA DE ANDALUCÍA (2007). *Decreto 19/2007 por el que se adoptan medidas para la promoción de la Cultura de Paz y Mejora de la Convivencia en los centros educativos sostenidos con fondos públicos.* B.O.J.A. nº 25, de 02/02/2007.
- JUNTA DE ANDALUCÍA (2010). *Decreto 328/2010, de 13 de julio, por el que se aprueba el Reglamento Orgánico de las escuelas infantiles de segundo grado, de los colegios de educación primaria, de los colegios de educación infantil y primaria, y de los centros públicos específicos de educación especial.* BOJA nº 139, de 16/07/2010.
- LE BOULCH, J. (1976). *La educación por el movimiento en la edad escolar.* Paidós. Buenos Aires.
- LÓPEZ-PASTOR, V. M. -Coord.- (2001). *La sesión en Educación Física: los diferentes modelos y los planteamientos educativos que subyacen.* Educación Física y Deportes. Revista Digital, nº 43.
- M. E. C. (2006). *Ley Orgánica 2/2006, de 3 de mayo, de Educación* (L. O. E.). B. O. E. nº 106, de 04/05/2006, modificada por la LOMCE/2013.
- M. E. C. (2010). *Real Decreto 132/2010, de 12 de febrero, por el que se establecen los requisitos mínimos de los centros que impartan las enseñanzas del segundo ciclo de la educación infantil, la educación primaria y la educación secundaria.* B.O.E. nº 62, de 12/03/2010.
- M. E. C. (2015). *ECD/65/2015, O. de 21 de enero, por la que se describen las relaciones entre las competencias, los contenidos y los criterios de evaluación de la educación primaria, la educación secundaria obligatoria y el bachillerato.* B.O.E. nº 25, de 29/01/2015.
- MOSSTON, M. (1988). *La enseñanza de la Educación Física,* Paidós. Barcelona.
- ORTIZ, Mª M. (1999). *La distancia interpersonal como elemento de de comunicación y su utilización en las clases de educación física.* En MARTÍN, M. L. y NARGANES, J. C. -coord.- La Educación Física en el siglo XXI. Actas del Primer Congreso Internacional de Educación Física. Jerez de la Frontera (Cádiz). Fondo Editorial de Enseñanza.
- PACHECO, M. (2003). *La organización en clase de Educación Física.* En SÁNCHEZ BAÑUELOS, F. y FERNÁNDEZ, E. -coords.-. *Didáctica de la Educación Física.* Prentice Hall. Madrid.
- PIÉRON, M. (1988). *Didáctica de las actividades físicas.* Gymnos. Madrid.
- PIÉRON, M. (1999). *Para una enseñanza eficaz de las actividades físico-deportivas.* INDE. Barcelona.
- ROLDÁN, C. (2002) (Coord.). *Manual de seguridad en los centros educativos.* C. E. J. A. Sevilla.
- SÁENZ-LÓPEZ, P. (2002). *La Educación Física y su Didáctica.* Wanceulen. Sevilla.
- SÁNCHEZ BAÑUELOS, F. (1996). *Bases para una didáctica de la Educación Física y el Deporte.* Gymnos.
- SÁNCHEZ BAÑUELOS, F. y FERNÁNDEZ, E. -coords.- (2003). *Didáctica de la Educación Física.* Prentice Hall. Madrid.
- SENERS, P. (2001). *La lección de Educación Física.* INDE. Barcelona.
- SIERRA, A. (2003). *Actividad física y salud en Primaria.* Wanceulen. Sevilla.

- TRIGUEROS, C. (2002). Programa de metodología y Didáctica. En TORRES, J. (director). *Manual del Preparador de Voleibol. Nivel 1*. F. A. de Voleibol. Cádiz.
- VICIANA, J. (2002). *Planificar en Educación Física*. INDE. Barcelona.
- VIEJO, I. (2004). *Metodología Didáctica de la Educación Física*. Grupo Editorial Universitario. Granada.
- ZAGALAZ, Mª L.; CACHÓN, J.; LARA, A. (2014). *Fundamentos de la programación de Educación Física en Primaria*. Síntesis. Madrid.

WEBGRAFÍA (Consulta en septiembre de 2016).
- www.juntadeandalucia.es/educacion/descargasrecursos/curriculo-primaria/index.html
- http://recursos.cnice.mec.es/edfisica/
- http://www.ite.educacion.es/es/recursos
- http://www.agrega2.es

www.ingramcontent.com/pod-product-compliance
Lightning Source LLC
Chambersburg PA
CBHW080256170426
43192CB00014BA/2696